沟通的艺术

跟任何人都聊得来

张金超 —— 著

煤炭工业出版社
·北京·

图书在版编目（CIP）数据

沟通的艺术/张金超著. ---北京：煤炭工业出版社，2018
　　ISBN 978-7-5020-7037-3

Ⅰ.①沟…　Ⅱ.①张…　Ⅲ.①人际关系学　Ⅳ.①C912.11

中国版本图书馆 CIP 数据核字（2018）第 262155 号

沟通的艺术

著　　者	张金超
责任编辑	高红勤
封面设计	程芳庆
出版发行	煤炭工业出版社（北京市朝阳区芍药居 35 号　100029）
电　　话	010-84657898（总编室）　010-84657880（读者服务部）
网　　址	www.cciph.com.cn
印　　刷	北京德富泰印务有限公司
经　　销	全国新华书店
开　　本	880mm×1230mm^1/$_{32}$　印张　6　字数　150 千字
版　　次	2018 年 12 月第 1 版　2018 年 12 月第 1 次印刷
社内编号	20180998　　　　定价　39.80 元

版权所有　违者必究

本书如有缺页、倒页、脱页等质量问题，本社负责调换，电话：010-84657880

前言

很多人都认为会说话是种天赋，可遇而不可求。实际上并没有这种说法。善于与他人沟通的人只是懂得一些简单的技巧罢了，而这些技巧是每个人能够通过自身努力来学会的。

在与人沟通时，有些人说话做事如玉一般，相处起来让人感觉既温暖又舒服，似乎他们只说几句话，就能办成他们想办的事情。而我们都想结交这样的人，也都想成为这样的人。

《红楼梦》中的王熙凤就是一位很懂得沟通艺术的女子。她第一次见林黛玉时说："况且这通身的气派，竟不像老祖宗的外孙女儿，竟是个嫡亲的孙女。"这句话乍一听，只是在夸奖林黛玉，但仔细分析，就会发现其中的蹊跷。林黛玉作为客人，王熙凤自然是要夸奖她，不过当时在场的还有迎春姐妹，若王熙凤只夸奖黛玉的话，她们姐妹可能会觉得被人比下去了，因此王熙凤的一句"嫡亲的孙女"说得极妙,她在夸奖黛玉的同时,又对迎春姐妹十分肯定,因此,这番话可以说是皆大欢喜。

不管是在生活中,还是在工作中,讲话都是一门艺术。在沟通时,我们要密切关注对方及周围人的想法,设法站在每个人的立场上去说话,才会让大家都感到有面子。

无论你从事何种职业,沟通都是必不可少的日常行为,要知道,生活中处处都有机遇,一次恰当的沟通,可能会在不经意间直接将你推上人生高峰。谁都不想当一个社交低能者,因此,我们有必要学习一些沟通的技巧。

虽然客观因素并不是我们所能决定的,但懂点儿沟通的艺术,玩转社交必定是通过学习才可以达到的。本书指出人际沟通中容易遇到的实际问题,并给出了相应的解决方案,希望可以帮助读者在沟通的过程中准确把握他人心理,并有针对性地与之进行沟通。通过本书来学习沟通能力,一方面能让自己的沟通能力不断提高,另一方面还能促使人际关系得到改善,使其在愉快的氛围中将事情办得稳妥恰当。

目 录

PART 1 温暖的语言入人心

源自爱心的语言收获人心	002
热情攀谈，抓住交际机会	005
不仅会说，还要会听	010
把话语权交出去	015
说话有分寸，不说过头话	018
得理也要饶人	022
用真情引起对方共鸣	026

PART 2 沟通中幽默的艺术

自嘲，让人对你刮目相看	030
幽默是缓解气氛的法宝	034

试试"不正经"地提意见 038
用幽默将攻击反弹 042
把握好尺度不过线 046
用富有创意的幽默推销自己 049
幽默批驳，不触对方的怒点 052

PART 3　沟通中赞美的艺术

赞美不等于恭维 058
表示赞同，也能起到赞美的作用 063
借他人之口，间接赞美 065
赞美客户前，先把握对方喜好 069
意外的赞美带来"意外"的收获 073
巧用大家的力量帮你赞美 077

PART 4　沟通中批评的艺术

打人不打脸，说话不揭短 082
先拿自己开刀，然后再批评别人 085
就事论事不对人 088
巧用"化骨绵掌"委婉批评 091
一句赞美胜过十句指责 096

欲抑先扬，让人更容易接受 100
运用技巧让批评变得悦耳 103
用幽默的批评给对方个台阶下 107

PART 5　沟通中拒绝的艺术

适当拒绝反而赢得尊重 112
用替代方案来拒绝 115
聪明人善用"拖延法" 119
勇敢说不，不委曲求全 123
巧移话题，拒绝也不难 127
委婉拒绝不伤和气 131

PART 6　几招缓解尴尬气氛

"废话"也有大用处 136
把"不"字咽回肚里 140
好奇心带来源源不断的话题 142
没话找话，让冷场"热起来" 145
巧妙转移视线的"流星战术" 149
涉及隐私的问题巧妙回避 153
从容冷静地摆脱争论的旋涡 156

PART 7　不同场合沟通有术

搭讪客户的技巧	160
会议上的说话技巧	165
谈判中的说话技巧	170
汇报工作的说话技巧	173
演讲的说话技巧	176
即兴讲话的技巧	182

PART 1
温暖的语言入人心

源自爱心的语言收获人心

与人交流，是生活中最基本也是最重要的技能。我们每天醒来之后，大部分的时间都要花在交流之上。人际交往不是简单地结交几个朋友，而是随时随地都在与各种各样的人交流。我们曾花费多年的时间学习读和写，学习各种专业知识和技能，然而我们又花费了多少心思用于学习听和说，学习怎样与别人交流呢？

如果要用一两句话来概括人际交往的重要原则与方法，那就是"了解他人，知人而后为人知，既适应他人，又表现自我"。这就要求我们能够站在别人的立场上，去体会他的思想感情。

尼尔森是一位优秀的飞行员，在参加西班牙内战打击法西斯的一次战争中，他不幸被俘入狱。

在狱中，为了排遣寂寞，尼尔森学会了抽烟。一次他又想抽根烟时，却怎么也找不到火柴了。无奈之下，尼尔森硬着头皮向看守借火。看守面无表情地打量了他一眼，然后默默地拿出火柴

PART 1 温暖的语言入人心

递给了他。

当看守走近尼尔森并将火柴递给他时,两人的目光有了一瞬间的接触。为了缓解尴尬,尼尔森下意识地冲着看守笑了一下。似乎是受到了尼尔森的感染,看守也回应了他一个浅浅的微笑。

看守点完火后并没有像往常那样漠然走开,而是跟尼尔森闲聊了起来。

"你有孩子了吗?"看守开口道。

"有一个女儿。"尼尔森边说边打开皮夹,把全家福照片递给了看守。

看守看完后,也掏出自己的全家福照片递给尼尔森看,还讲了一些与家人相处的小事。尼尔森的眼中渐渐蓄满泪水,他向看守倾诉着自己对家人的思念之情,尤其是对自己的女儿,他害怕不能看着孩子成长……

看守听了以后,被他的话感动得潸然泪下。突然,他像是做出了一个什么决定,拿出牢门的钥匙,打开牢门带着尼尔森偷偷地从小路逃离了监狱。

很多年以后,尼尔森仍对那晚记忆犹新,他说,如果不是那位看守放了自己,他真的不知能不能活着回家。他觉得那位监狱看守也一定是位父亲,正是因为自己的话说到了对方的心里,才救了自己一命。

了解他人,才能把自己和对方拉得更近,从而化解许多矛盾和冲突。所以，我们在说话办事之前，最好稍做停顿，自己问问自己："我了解对方吗？他为什么会这样？如果别人这样对我，我会有什么感受呢？"

心理学家怀特教授经常会教育他的学生们："我们在与人谈话前先要问自己3个问题：首先，你说的是实话吗？其次，这句话非说不可吗？最后，这句话是否出于爱心？"出于爱心，不仅要有良好的愿望、动机和目的，而且还要有适应和满足对方心理需求的说话态度、角度和方式。

每个人说话都是出于某种心理动机，有人出于爱心，有人出于恶意。出于爱心，对听者有益；而出于恶意，则彼此都会受到伤害。出于爱心说话，即使被对方误解，也没关系，因为爱能包容一切，许多的错都会被善意融化。

出于爱心说话，无须发誓，因为爱心就像一座永远矗立的丰碑，无须誓言作为后盾。若不是出于爱心，即使诅咒发誓，也经不起事实的考验。只要凭借爱心说真诚的话，你的真情自会感动他人。

出于爱心说话，贵在以心换心。当对方心存疑虑时，你出于爱心和坦诚的话，便能打动对方。你真诚地关心对方、爱护对方，才能换来对方同样的真诚。在他人取得成功时，你送上几句真心的祝福，会获得对方的信赖和尊敬；在别人受到挫折的时候，你的几句暖心的安慰，会使对方重新振作起来。

出于爱心说话，能收获人心。与人沟通贵在用心，只要我们出于爱心去了解他人，用真诚去对待他人，便会得到相应的回报。"滴水之恩，当涌泉相报"，相互之间的感情必然会根深蒂固。

是否会讲话，关键在于能否拨动人们的"心弦"。善良的人总是能用真挚的情感、竭诚的态度拨动人们的"心弦"。学会用爱心打动对方的心，无疑可以帮助你在交往中获得人心。

热情攀谈，抓住交际机会

与陌生人说话是一件需要勇气的事，如果你没有攀谈的经验，那么与初次见面的人谈话时，你多半会畏惧退缩。因此，讲话的训练首先要从"学会攀谈"开始。

尼古拉斯是汉诺威公司的一名普通职员，有一次他在候机大厅里遇到了一位非常有气质的妇人。这位妇人穿着时尚，虽然已过中年，但却依然魅力十足。尼古拉斯好奇地想："从穿着打扮上看，这一定是位贵妇，可能她这辈子都没有工作过，但是如果我能在旅途中与她聊一下的话，或许我可以知道一些我并不了解的事情。可是，我要怎么开口呢？"

尼古拉斯一边想着，一边将头埋进了一本书里。但他根本看不进去任何内容，他心里想的都是如何开口才不会显得冒昧。这种紧张与不安，让他的手心都有些冒汗了。直到机场的广播发出登机的通知，他都没有鼓起勇气。

当他合上书的时候，那位贵妇看了他一眼说："我看到你正在使用汉诺威公司的名片作书签。"尼古拉斯点头称是。妇人继续说："这个世界真小，我的丈夫就是汉诺威公司的总裁，两个小时后，他会去机场接我回去呢！"说完，妇人就笑着向登机口走去。

尼古拉斯错过了一次绝佳的交际机会，因为对方不仅看起来非常友好，而且说不定还可以帮他引荐，这将会对他的职业生涯大有帮助。可惜，这一切都因为他不懂得攀谈而错过了。

如果你想要通过打招呼给他人留下一个好的印象，那么你首先需要从攀谈开始，毕竟在没有问候的情况下，突然与人进行深入的聊天是一件不可能的事情。一般情况下，有心人都会考虑到对方，仔细思考到底要说些什么才好，但若是顾虑太多，又会使交谈双方都感觉到不自在。

也许你会想：他好像不太希望与别人讲话；突然跟他说话，他会不会讨厌我；我该怎么开口，这第一句话应该怎么说……因为顾虑这些问题，并过分在意对方的反应而放弃攀谈的机会，实在是太可惜了。

此外，有些性格开朗的人可能会抱着"去和他说话吧""告诉他一切"这样的自负心态，只顾着将想说的话一股脑儿地倒给对方，这样也不会是一场愉快的闲聊。话太多而不顾及对方的感受，也会毁掉你的攀谈。

宾西法尼亚大学沃顿商学院的管理学教授拉斐尔·艾米特认为，想要拥有攀谈的能力，首先必须从迈出"心理舒适圈"做起。每个人天生都有自己舒适的圈子，无论是交友方式，还是做事和沟通的方式，只有在这一舒适圈里，自己才会感觉舒服与安心。

很多人的交际习惯都是只和熟悉的人交往，这不仅是因为与熟悉的人说话容易获得认可，还因为在一个小团队中更容易被包容。这是一种典型的心理舒适圈，它让我们感到安全与快乐。

如果不愿意享受与陌生人交流的感觉，那么，我们会失去很多宝贵的机会，无法从多个角度了解这个世界，这样做，其实也是在将自己的世界人为地缩小。而缺乏多样化信息的直接后果，就是我们的视角会变得狭小。有智慧的人在人际交往中会广泛撒网，将各种各样的人纳入自己的社交队列中，因此，他们从不排斥与陌生人交谈。

我们在与陌生人见面时，不要着急做出任何判断，比如，他看起来很不友善；他好像是一个很爱占便宜的人……在未获得足够的信息之前，我们不应该草率地下结论，特别是当对方与你不是那么"类似"时，更不应该这样做。若你发现对方的某些行为让你感觉他并不是那么好相处，你也不应因此而轻易地拒绝与之交谈。相反，如果你能克服这种心理障碍，今后与其他人的攀谈可能会更顺利。

当你决定与对方攀谈时，你应该学着按以下步骤进行：

1. 打招呼

最好看着对方微笑点个头，当然，如果你有其他方式可以表达出"我并没有对你视而不见，我希望和你聊聊"的举动，也可以采用。如果你已经知道对方的名字，直接而明确地说出来是最清楚的打招呼方式。

2. 靠近对方

与对方打招呼以后，你应该走向可以与对方面对面的地方。在这一过程中，"靠近"这一肢体语言是非常重要的：它可以拉近你们之间的距离，是开始交谈的重要一步。

3. 开头语

最简单的开头语就是"你好""幸会""嗨"等，这些都是最低限度的问候。只要你开口问候了对方，接下来的交谈便会很简单了。不过，有时候你可能会因为太过紧张而说不出话来。即使在这样的状态下，你也应该保持积极的心态，使自己可以开口问候。

4. 注视对方的眼睛或嘴巴

交谈开始时，你可以先看着对方的眼睛说话，如果你发现太靠近对方使你不自在，或者你不习惯看别人的眼睛，你也可以看着对方的嘴或者喉咙附近的位置。待习惯以后，你再慢慢将视线移向对方的眼睛。

在练习攀谈的过程中，如果你选择那些不会对你产生后续影响的对象，那么你就不必担心攀谈会带来坏的结果。比如，试着在便利商店买东西以后，抢在收银员说话前主动对他说"麻烦你……""谢谢"之类的话语。对他们来说，这是他们的工作，所以他们不会对你做出不良回馈，而这种问候多半会令工作单调而容易被人忽视的他们开心起来。

在与人攀谈的时候，你要试着放松身体，因为只要一紧张，人体的血液循环就会加快，进而感觉到口干舌燥，甚至会通过不停咳嗽来缓解自己的紧张。在这种情况下，你是很难从容说话的。但是，只要你放松下来，就会在不知不觉中自然地说出话来。因此，在下一次打招呼前，你可以试着放松肩膀，长长地吐一口气来缓解自己的紧张感。

在攀谈开始时，谈论天气或季节虽然很乏味，但却是展开话题的最佳选择。这些话题不会为你惹来麻烦,而且你也不需要特别地选择对象,不管和谁都可以反复练习使用,直到你习惯了自然而然地抛出合适的话题为止。

掌握了以上的攀谈技巧后,你可以在等待公交车的时候主动找那些看起来不是很焦躁的人来聊一下,或者只是简单地在聚会上与不太熟悉的人交谈一下。只要你主动带着诚意,且面带微笑地靠近对方,获得出色的攀谈能力只是时间问题而已。

不仅会说,还要会听

生活教会我们的除了诉说,还有倾听。很多时候,主动、持续地倾听,并加以总结,就会给对方传递这样的信息——"我非常尊重你""你的看法十分重要"。

俗话说:"一对灵敏的耳朵胜过十张能说会道的嘴巴。"能说会道固然重要,然而想要有能言善辩的口才,就不能忽视耳朵的作用。每个人在聊天时都想聊关于自己的话题,这是人类的天性。但是一个优秀的朋友,即使听到对方废话连篇,仍然会专注地倾听。

PART 1　温暖的语言入人心

事实上，不是所有人都是那种特别会说话的人，也不是所有人都像演说家那样，能够轻松调动他人的情绪。但是，有这样一句话，我们需要时刻记住：在这个世界上，从来不缺夸夸其谈的人，缺的是好的倾听者。

陈义和夏天勇是同班同学，比起夏天勇，陈义在很多场合更受欢迎。因为他总能受到邀请，经常有人请他去参加聚会。当然，由于陈义受人欢迎，他还担任了很多社团的重要职务。

有一天晚上，夏天勇碰巧去一个朋友家里参加一个小型的宴会，当他发现陈义和一个非常漂亮的女孩子在一个角落里说话时，非常好奇，就站在远处仔细观察了一段时间。夏天勇发现，那位漂亮的女孩一直在说话，可是陈义好像很少说话，他只是有时笑一笑，或者是点点头，仅此而已。几个小时以后，宴会结束了。

第二天一大早，当夏天勇看见陈义的时候，不禁问道："昨天晚上我在宴会上看见你和一个非常漂亮、迷人的女孩在一起，她好像对你很有好感啊，被你深深吸引了，你到底是怎么做到的？"

陈义回答说："非常简单，当我和她开始说话的时候，我只是对她说：'你长得很漂亮，你的身材很好，你为什么要来参加这个宴会呢？'于是，我们两个人就聊了起来。今天早晨这位漂亮的女孩打电话给我，说她很喜欢我陪她。她说很想再见到我，

— 011 —

因为我是最有意思的谈伴。但说实话,我整个晚上也没有怎么说话。"

其实,陈义受到别人欢迎的原因非常简单,就是懂得倾听。爱默生曾说过:"所谓的耳聪,也就是倾听的意思。"

米莉普通高校毕业,家境一般,长相也很普通,但是她的人缘却出奇地好。她拥有很多的朋友,而且大部分都视她为毕生的知己。有什么开心的事大家都会与她分享,发生了不愉快大家也都乐于向她倾诉,遇到困难,她总有人伸手相助。

有一次,米莉生病了,其实只是小毛病,但是来看她的人络绎不绝,大家都关切地嘘寒问暖。米莉的一个好友阿雨羡慕不已,问道:"哇,米莉,你人缘怎么这么好!大家为什么都喜欢你呢?"

米莉笑了笑,说:"我给你讲一件事吧!是关于玲玲的。有一天,玲玲来找我,一坐下便开始哭,我也不知道怎么回事,就倒了一杯热茶,坐到了她的对面。玲玲哭了一会儿,便对我说,她最近被单位的一个小人暗算了,害得她被领导骂了一顿。而且她的男朋友最近也跟她提出了分手,她觉得生活完全没有希望。我什么话也没有说,只是拍拍她的肩。玲玲不停地讲着。把心中的苦闷一股脑儿全倒了出来。说完之后,玲玲长叹了一口气。我问她现在觉得好些了吗?玲玲擦擦眼泪,对我说她在来的路上都觉得快要活不下去了,现在感觉好多了。我握住她的手,告诉她

PART 1　温暖的语言入人心

不管发生了什么,我都是她最好的朋友。最后我们一起商量如何避免工作上的失误,如何顺其自然地对待感情。现在你再看玲玲,家庭美满,工作顺心,多幸福啊!"

阿雨看着米莉,说:"我明白了,原来倾听竟有这么大的力量!"

与人交谈的时候,你可以倾诉,但是倾听更为关键。倾听是洞悉自然的一种方式,是接收信息的渠道,是净化心灵的艺术,是解除自身疑惑甚至心结的途径。作为谈话的一方,如果你不懂得倾听,那你也无法达到倾诉的目的。所以说,倾听能让你的谈话更顺利地进行下去。

我们有理由相信,当一群人急于聊自己的时候,那个认真倾听、适时说话的人,一定是大家最想交的朋友,因为这个人令人感觉到被尊重、被关心。

你要知道,语言是人与人最直接的交流方式,而倾听则是接收、了解、理解外部信息的全过程,只有善于倾听的人,才能完善自己的语言能力,练就出色的口才。很多时候,一个会说话的人不但要有好的口才,而且在对方谈论的话题无聊至极的时候,仍能做到专注倾听,这样的人才是最能让别人感受到诚意和温暖的人。

许多人总觉得自己很难融入环境,不知道该怎么办。其实,对于这些为说话而苦恼的人来说,他们普遍存在的一个问题就是，急于融入环境，却根本没有放松下来，做一个好的倾听者。另外，沟通不仅要听对方说出来的话，还要倾听对方没有说出来的话，这样对方才会感觉到你是一个值得信赖并可以真诚交流的人。

不过倾听也是有技巧的，下面就列举几个倾听的技巧。

第一，把注意力完全放在对方身上，明白对方说了什么、没说什么，尽可能地消除外在与内在的干扰。

第二，善于倾听的人不会因为想补充一些细枝末节，或想修正对方说的话中一些无关紧要的部分，就随便打断对方的话。

第三，真正会倾听的人善于从对方的言语中觉察出某些信息，包括对方的兴趣、情绪以及日常习惯，透过这些关键字眼，可以发现对方喜欢的话题，进而聊到对方的心坎里。

第四，用自己的话，简要地重述对方刚刚所讲的话，当然，前提是诉说对方说话的重点，这样势必会让对方觉得自己很重要，会更有讲下去的兴趣。

第五，用心倾听对方说话，可以帮你整理出其中的重点，删除无关紧要的细节，把注意力集中在对方想说的重点和要表达的想法上，并在心中熟记这些重点和想法。

第六，每个人都有自己对某件事情的看法、结论和感受，虽然你和对方的观点可能不一致，但是你仍然要懂得尊重对方的观点，这样才能做到彼此接纳，从而建立融洽的关系。

PART 1　温暖的语言入人心

总之，很多时候，事情成败的决定性因素并不在于你的口才是否优秀，而在于你能否巧妙、合理地与人沟通。在这些方法中，一个最核心的技巧便是主动倾听、善于倾听。唯有这样，在对方眼中，你才是一个值得信赖并可以真诚交流的人。

把话语权交出去

交谈中，如果别人对一个话题失去了兴趣，你就不要试图继续"独占对话"，聊个没完。当我们形容一个人口才好，常常会用"口若悬河""滔滔不绝"等成语。然而，与人交流时，最令人生厌的便是这种"独占对话"的人。他们常常忽略新加入的人，并且从不会问别人问题，不管发生什么事，始终都是一个人讲个不停。

话多绝不等于口才好，更多时候，话多往往意味着口才差、讨人厌。由于我们的食量有限，一旦肚子被食物塞满了，就不能品尝其他美味的食物。同样，遇到滔滔不绝的人，若是对方用一堆废话把我们"塞到撑"，那么，接下来无论对方说什么，我们都很难听得进去。

或许很多当事人也意识到了这一点："噢，我已经说了这么久，我正在独占对话。"遗憾的是，他们就是不知道该怎么结束。在这个世界上，很多人是心里有话，但嘴上不知该怎么说。同时，也有不少人是心里没话，但嘴上说个不停。

弗雷德一下班就马不停蹄地赶回家，刚进家门他就兴奋地跟太太朱迪说道："亲爱的，我今天太开心了！我们必须好好庆祝一下！你知不知道，我今天在会议上汇报有关我做的那份区域报告，董事们很满意，而且……"

"哦，太好了。"朱迪头也没抬，显得漠不关心，"快过来！我下午做的牛肉，刚刚做好，快来尝尝。对了，还有件事儿，早上我不是找人来修理厨房的排水管么？修理工说其他地方的管道也应该换换了。你一会儿去检查一下好吗？"

"当然了，我亲爱的。哎，我刚才说到哪儿？哦对，董事会对我的建议十分赞赏。其实说实话，开会之前我还对自己的报告不是很有把握，但是没想到在会上效果那么好……"

朱迪插话道："是吗，本来还以为他们并不重视你。哦，对了，儿子这学期的成绩简直糟透了，班主任已经不止一次跟我反映这个事情了，你必须得跟他认真聊一聊他的学习问题了。他的班主任还说，如果儿子愿意好好念书的话，他的成绩一定没有问题。现在只能靠你了，我现在真的没有办法了，你得想办法让他用功一些。"

PART 1　温暖的语言入人心

到了这时候，弗雷德才发觉他在这场对话中已经彻底丧失话语权了。于是，他只好把他想说的话和他的开心都咽回肚子里，然后无奈地跟妻子讨论起了儿子的教育问题。

难道弗雷德的妻子真的如此自私，毫不在意对方的感受么？其实并不是，每个人在或开心或苦恼的情形下都想找个听众倾诉一番，有时候这种倾诉的意愿太强烈，以至于他们忘了去倾听别人说话。其实，朱迪只需要耐心地听完丈夫在董事会上出风头的事，那么接下来跟丈夫谈论家庭琐事时，他也会更加积极和上心。

很多时候，有些人并非故意要"独占对话"，只是他们不知道如何以简单明了的方式来叙述某件事情。如果你发现自己有时候也会一个人说个不停，不妨停下来问问对方：

"你对这件事有什么看法？"

"你去过那儿吗？"

"你有没有遇到过这种事？"

"你有什么想法？你会怎么做？"

当然，你也可以随身携带一块手表，以便随时提醒自己，一旦你已经发表自己的看法超过三分钟，那么就该是换别人的时候了。无论你多么想再说点儿什么，无论你说的故事有多么好笑、多么有趣，你都要克制自己，别再说下去了。

说话有分寸，不说过头话

跟别人聊天，你经常会听别人说："谁谁谁老爱说'砸锅'的话，我可烦他了！"那么，何为"砸锅话"？为什么大家都不愿听到这样的话呢？

"砸锅话"就是用来比喻那些导致事情失败的话语，跟"拆台话"是同一个意思。一般"砸锅话"都是当事人由于说话方式的不恰当，或者不注意表达方式，而引起他人误解或者产生歧义，进而导致好事变坏事，或者好心办坏事的情况。

有一位女士，她就总说"砸锅话"。起初，同事觉得可能是因为她的性格太直率，后来相处时间久了，发现她并不是直率，而是不懂得与人沟通。

办公室里的年轻同事在空闲时，往往喜欢聊一些娱乐八卦、最新上映的电影。当大家正聊得正开心时，这位女同事便会冷冷地说一句："你们说的那些，跟你们有关系吗？"

同事们顿时像被泼了一身冷水，兴致全无。但也有翻脸的同

PART 1 温暖的语言入人心

事，一脸不悦地回她："没关系啊，就是想聊，你管得着吗？"此言一出，无疑会让这位女士处于尴尬的境地。

这位女士不喜欢听别人聊八卦，自己却特别爱唠叨。比如，家里发生了芝麻绿豆大的事她都会拿来当重大新闻，包括老公给自己买了什么东西，孩子吃饭等。她经常夸老公有多么爱她，夸孩子多么聪明。起初，大家也跟着附和两句，时间久了，大家都装作听不到，无人出声。

其实，有谁愿意听一个人家里鸡毛蒜皮的事呢？这种对别人谈资没兴趣，也不能理解与尊重别人，而自己却在一个小圈圈的话题里打转的人，自然会成为冷场的"专业户"。

毛凯所在的公司是业内知名的广告公司，他是一位资深的平面设计师。跟他一起工作的还有大兵、小静跟刚来的小伙子小林。

一次，一位客户想让毛凯把自己在别处设计的图片，按照现在的要求合成在一起。由于客户带来的原始图片都是固定的，没法编辑，跟现在他要求的尺寸又相差甚远，想要放在一起的话就需要重新设计，处理起来会非常麻烦，成本自然就高了。而在客户的话里话外，毛凯又听出客户并不想出设计费。为了不直接得罪客户，权衡之下，毛凯就跟那个客户说："这样的图片我们这里没有分层的大图，做不了。"

本来客户已经打算听从毛凯的建议，采用另一种方法了。没想到坐在他旁边的小林突然插了一句："凯哥，这样的图片咱们能做啊，上次我不还见你电脑里有这个？"

听了小林的话，那个客户以为毛凯是故意找借口想恶意加价，于是就气愤地摔门离开了，搞得毛凯非常难堪。

还有一次，有个客户想要做个二维码的标牌，给客户做二维码的话一般都是用300克的铜版纸。但是不巧那天做二维码的铜版纸没有了，客户又急着用。毛凯就想着彩喷纸效果也是一样的，无非是稍微薄一点，于是就打算用彩喷纸代替铜版纸。

由于小林坐的位置离彩喷纸比较近，毛凯就让小林帮忙拿一下空白彩喷纸。小林一边把彩喷纸递给毛凯，一边说："彩喷纸打印二维码不薄吗？"搞得毛凯非常尴尬，好像他在以次充好一样。幸亏毛凯及时向客户解释，才避免了一场误会。

因为小林经常无意间说一些"砸锅话"，令跟他合作的同事"下不来台"。大家都不愿意跟他搭伙干工作，慢慢地，小林就成了孤家寡人。

其实，说"砸锅话"的人一般都是无意的，是由于自己说话方式不正确，或者是没有真正了解事情的真相，就着急说话。像文中这个"多嘴"的小林就属于无意的那种。这种人本身并无恶意，甚至可以说是"好心提醒"。但他却不知道，自己的"好心提醒"却让同事陷入了两难的境地。

人们向来都不喜欢"不请自来"的提醒，即使这种提醒是对的。因为每个人说话都有自己的立场与观点，在你这里是对的，到了

PART 1 温暖的语言入人心

他那里反而就成了错的了。所以,像此类人需要做的第一件事就是先倾听、不说话或者少说话。不管是对上、对下、对内、对外,话要说对,得先懂得"听"。只有了解了事情的原委,才能真正理解说话者的意图。要摆正自己的态度,"先说的不一定赢",说话之前慢三分。

办公室的李薇因为新婚燕尔,正给大家发喜糖。兴奋之余不禁谈起了自己的老公以及他们的蜜月之行。

"我们一起去了夏威夷玩,玩得非常开心,并且见到了大明星李小璐。她本人真的比电视上还漂亮!""我老公特别地宠我,早晨起来牙膏都给我挤好了,早饭也让服务员送到房间里。而且我老公真的什么都懂,什么都有经验。由于去得比较急,我还害怕订不上酒店,害怕自己住不惯酒店。没想到我老公找的酒店那么舒服,我仿佛成了一位公主……"李薇兴奋得忘乎所以。

"他对你照顾得这么周到,之前肯定照顾过很多女孩子吧!"一位小伙子开玩笑地说。

此话一出口,空气瞬间凝固了,大家都不知道接下来该怎么聊了,李薇的脸上也是青一块紫一块的,甚是难看。

公共场合,"砸锅话"要不得!你想想,觥筹交错间,大家都在夸奖女主人的衣服漂亮得体,有气质。你突然来了句"裙子太长了",是不是让大家都非常尴尬。因为如果你说的是实话,那么别人就都成了说假话的马屁精;即使你说的是事实,也会让主人觉得很没面子。你的一句"大实话"不要紧，把宾客和主人都得罪了。

可见，任何与当时环境，或特定说话者的意图不符的，我们都称之为"砸锅话"。不管是真话、假话、玩笑话、空穴来风的还是有事实依据的话，都不能说。

关键时刻别做自作聪明地捅破最后那层窗户纸的人，有时候"随大流"也不失为一种说话的智慧。大家都说"好"的时候你也说"好"；大家都说"坏"的时候你也说"坏"；大家都不说破，你也适可而止地住嘴吧。

得理也要饶人

俗话说"有理走遍天下，无理寸步难行"，可见人们都知道没有理就很难得到大家的认同。可是如果有理的话，嘴上就能不饶人了吗？

你可能常常看到有些人引导或者批评别人，很有点"得理不饶人"的意思，而被批者不是不买账，就是口服心不服，结果都不愉快。生活中"得理不饶人"的"口水大战"屡见不鲜，更有甚者双方发生肢体冲突，造成人身伤害。

餐厅里，保洁阿姨很费力地刚把地拖好，一名服务员就因为走路不小心，把客人吃剩的菜汤洒到了地上。那位服务员向保洁阿姨道过歉后，保洁阿姨仍然得理不饶人地骂道："说对不起有什么用？你走路不长眼啊？对不起能让被你弄脏的地面重新变干净吗……"

服务员见保洁阿姨依然在那里喋喋不休，于是就反唇相讥道："我没长眼睛又怎么了？我哪儿比得上您老那双'千里眼'啊！"

"怎么，你把我刚拖的地弄脏了，还有理了？没见过你这么没素质的！"保洁阿姨越发气愤。

"我没素质怎么了，那也比不上你，你才是真正的没素质！"

两人就这样当着客人的面越吵越凶，谁也不让谁，影响极其恶劣。最后，餐厅老板只好把这两个人都开除了。

若是以一个外人的角度来看，这件事很简单，服务员道过歉后，互相谅解一下就可以了。只不过她们每个人都坚持自己的主意或意见，没有站在对方的立场为他人着想，于是冲突与争执也就在所难免了。

如果每个人在开口讲话之前，凡事都能设身处地先为别人考虑考虑，做到"有理让三分，退一步海阔天空"的话，那些不必要的摩擦与争执也许就可以避免了。

"话到嘴边留三分"是我们在工作或者生活中，与他人说话应具备的基本技巧。

丽萍是一个能力很强的销售经理,但就是有一样不好,总是"得理不饶人",让人感觉很强势,难以接近。

一次,她让自己手下的一个小姑娘萱萱去火车站帮自己接一位客户,并嘱咐她接到客户后立刻给她打电话。

结果到了晚上10点多了,萱萱还没有给丽萍回电话,电话也打不通。丽萍非常着急,就发动公司同事去火车站找人。

忙了大半夜,终于在火车站附近的医院找到了他们。原来客户突发急性阑尾炎,萱萱只顾着送客户去医院,忘了给丽萍回电话报平安,之后手机也没电了,所以接不到电话。

萱萱觉得自己害大家担心,以及耽误了大家的休息,心里非常过意不去,从见面开始就不住地跟大家解释,并且向自己的经理丽萍道歉。大家纷纷安慰她道:"不要放在心上,谁没有犯错的时候……"

只有丽萍毫不理会她的道歉,也不顾忌客户是不是在场,对萱萱不停地批评:"你知道由于你的失误,我们浪费了多少人力物力吗?你做事之前能不能先动动脑子?你是还没毕业的小学生吗?如果是这样的话,你可以回学校学习几年再出来工作了……"

萱萱觉得自己已经诚心地向同事们道歉了,大家也都原谅了自己,只有经理一直得理不饶人,还讲那些伤人自尊的话,觉得丽萍是有意针对自己，于是伤心地哭着跑开了。客户也觉得脸上挂不住，借口身体不舒服返程了。

萱萱在第二天就提交了辞呈，客户也在一个月后随便找了个理由结束了与该公司的合作。

说话讲理是理所当然的事情，但只有"让三分"才能让别人容易接受，否则就会被他人误认为你没有"人情味"。

办公室是办公场所，人跟人相处难免会有摩擦，与他人合作意见不可能完全统一。然而，如果你说话总是咄咄逼人，凡事都要争个输赢，即使是你赢了，大家也会戴着有色眼镜来看你，感觉你是个不给别人留余地，不尊重别人，只知道一味争强好胜的人。于是，暗地里大家就会避开你，这样你就失去了很多交到朋友的机会。而且被你"打败"的同事也会在心里记恨着你，这样你又在无意之中多了一个敌人。

因此，在与别人交谈时，你一定要学会控制自己，不能总想着如何在言语中占据上风，不然久而久之，同事们就会疏远你，对你敬而远之了。也不要在生活中的日常小事上，一见对方有漏洞就抓住不放，非要让对方败下阵来不可。毕竟很多时候大部分事情都是"公说公有理，婆说婆有理"，没有固定和统一的标准可言。如果你一味地抓住别人的小辫子不放，盛气凌人地兴师问罪的话，那么即便最后可能是你有理，你赢了，但是情却没了，对你的日常交际无疑是"弊大于利"。

所以,"话留三分软",大度一些,宽容一些,睁一只眼闭一只眼,给他人一个台阶下,也给自己一个机会。

用真情引起对方共鸣

在与人沟通时,假如可以用煽情的办法打动对方,引起对方的情感共鸣,那么就可以达到说服对方的目的。

我们常说:"动之以情,晓之以理。"这里所说的"动之以情",其实就是指煽情原则。说服一个人,最有效的方法莫过于情感说服。俗话说:"人非草木,孰能无情。"在日常生活与工作中,我们总是接触各种各样的人,说服的方法各不相同,但是都可以采用"动之以情"的方法。

研究表明,一个人在对某件事做出判断之前,往往会受情绪左右,因此,在说服他人时,我们可以利用这个原理,通过融入情绪的方法来影响对方的判断,这样往往可以令说服过程更加顺利。

林肯是美国历史上口才极佳的总统,在他还是一名律师的时候,就曾经利用煽情原则赢得了一场本不可能获胜的诉讼。

PART 1　温暖的语言入人心

一天，一位年迈的妇人找到林肯，向他讲述了自己的不幸经历。原来，老妇人是独立战争时期一位烈士的遗孀，生活的来源全靠每个月领取的微薄抚恤金。然而不久前，她像往常一样去领取抚恤金时，却被出纳员刁难了，要求缴纳完一笔手续费后才行，否则不能领取。出纳员要求缴纳的手续费已经高达抚恤金的一半，这无异于变相地勒索老妇人。

法庭在审理这个案件的时候，作为被告的出纳员对这一切都矢口否认。这个黑心的出纳员十分狡猾，他只是在口头上勒索老妇人，并没有留下任何可以作为证据的凭证。对老妇人来说，这几乎已经成为一件注定会败诉的案件。

此时，林肯开始发言。法庭上100多双眼睛都紧紧地盯着他，看他有什么办法可以扭转这种对老妇人不利的局面。林肯先是把听众带回到对美国独立战争的痛苦回忆中，接着又深情地讲述了战士们怎样在恶劣的环境里进行战斗，直至为了正义而付出宝贵的生命。

最后，林肯动情地说："如今，发生的一切都已经成为过去。1776年的那些英雄也已经长眠于地下，可是他们那些可怜的遗孀却还生活在我们身边，站在我们面前的这一位就是其中之一。她受到了非常不公平的待遇，请求我们还她公正。这位老妇人曾经也是一位美丽的少女，也有过一段幸福美满的家庭生活，但是，那场残酷的战争剥夺了她的一切，让她变得贫穷，变得孤独无依，迫于无奈,她才向享受着革命先烈们争取来的自由的我们请求给予援助。试问诸位,面对这种情况,我们难道真的可以做到熟视无睹吗?"

林肯的发言结束后,在场的听众都为之震撼,有的人因为同情老妇人而热泪盈眶;有的人怒发冲冠,忍不住要殴打被告;有的人当场慷慨解囊,要救济老妇人。最终,听众一致要求,给予出纳员应有的惩罚,并且通过了保护烈士遗孀不被勒索的判决。

如果林肯从证据的角度说服大家,很可能使自己陷入僵局,而无法拯救受到刁难的老妇人,更无法通过保护烈士遗孀不被勒索的判决。林肯没有出示老妇人被出纳员勒索的证据,而是采用"动之以情"的方法,从老妇人的身世说起,引发听众的同情心,从而达到说服他人的目的。

煽情就像一个万花筒,里面总是装着令人意想不到的东西;煽情就像一双灵巧的手,总是可以弹出动听的乐曲。在很多场合,虽然表面上看已经陷入僵局,但是运用煽情原则后,往往能收到意想不到的效果,这就是情感的力量。

所以,我们在说服他人时,务必要学会调动对方的情感,利用情感来影响对方,从而让对方更容易接受我们的观点。

PART 2
沟通中幽默的艺术

自嘲，让人对你刮目相看

"自嘲"，又称自黑，是当一个人有了过错，受到别人过分的嘲讽时，通过"自毁形象"来化解尴尬的一种手段。"自嘲"是幽默的一种，它其实就是让听众知道：我对大家是坦诚的。通过放下身段，巧妙地拿自己"开涮"，拉近与听众的距离，调动现场的气氛，为自己博得"满堂彩"。

朱莉是一名著名的女演员，从20世纪20年代到80年代一直活跃在银幕上，但是她在晚年的时候日渐发福。因此，每次当好友邀请她去海滨浴场游泳，她总是找各种理由推辞掉。

在某著名品牌的开业活动上，一位娱乐记者偏偏针对这个问题向朱莉提问："朱莉女士，您是不是因为自己太胖，怕出丑才不敢去海滨浴场游泳的？"

朱莉想了一下，爽快地回答道："你说得很对，我是因为自己胖才不去海滨浴场的，因为我担心飞行员在天上看见我时，以为又发现了一个岛屿。"

PART 2　沟通中幽默的艺术

在场的人听后,发出了一阵善意的笑声,并鼓起掌来。

一场小小的尴尬,很快便消失得无影无踪。

当记者问起昔日光鲜亮丽的女演员关于"胖"的问题时,聪明的女演员并没有回避而是进行了巧妙的夸张:"因为我担心飞行员在天上看见我时,以为又发现了一个岛屿。"这样的回答形象生动而富有幽默感,还避免了谈及自己是否"怕出丑"这样一个尖锐的话题。

这位女演员用诙谐的语言自嘲了一把,既没有被记者牵着鼻子走,又活跃了现场气氛。同时,还给大家留下了一个良好的印象,将自己的乐观、自信和勇敢的一面展现在大家面前,不失为一个高明而有趣的回答。

人生旅途其实很漫长,谁都会不小心摔跤,陷入难堪的境地。此时,学会恰当地自嘲就很有必要。表面上看是嘲弄了自己、笑话了自己,但事实上,却是一种大度和从容的智慧。

许多娱乐圈里的明星或者是拥有讲话技巧的交际者,往往都懂得运用幽默的语言进行自嘲,来化解自己的尴尬,实现由劣势向优势的逆袭转变。

娱乐圈中,在"自嘲"这条道路上做的比较成功的应该就数杨幂了。

在拍摄《小时代》海报时,杨幂被许多网友吐槽摆的姿势都是托腮。对此杨幂幽默地自嘲道:"时间在变,我们在变,我们说好的誓言也在变，唯一不变的只有林萧（小时代中杨幂饰演的角色名字）牙疼的右脸。"

  杨幂通过调侃自己托腮的动作为"牙疼的右脸"，顺利地把大家的注意力从"杨幂摆拍姿势差"这个话题转移到了她幽默的比喻上。她自嘲的比喻不仅把快乐带给了大家，更掀起了一股自嘲潮流。杨幂作为这个话题的发起人，她自信并自嘲的态度被许多人夸赞"接地气""坦荡"，一时间吸粉无数。

  还有一次，杨幂演唱《宫锁心玉》的主题曲《爱的供养》时，有人吐槽她的嗓音嗲、难听；更有人编了个段子放到网上来讽刺她："你们不要再黑杨幂了，我的命都是她救回来的。我因为一场车祸昏迷了三个月之久，有一天护士打开收音机，里面放着《爱的供养》，于是我爬起来把收音机给关了！"

  对此，杨幂也特意发微博回应称："每一天，都希望自己能过得开心，过得有意义。比如没事做的时候，就想唱唱歌、救救人什么的……"幽默地以其人之道，还治其人之身。从发起者的话题中就地取材，将尴尬不知不觉地转移给了对方。当然，大家茶余饭后的话题也顺利地从"杨幂唱歌难听"变成了"杨幂霸气回应抨击者"，杨幂打了一个漂亮仗。为此，许多人都被杨幂机智的反击所折服，纷纷"路转粉"。

  自此以后，许多公众人物更加喜欢运用"自嘲"来吸引大众视线。比如湖南卫视的主持人欧弟，经常调侃自己的身高和长相，反而赢得了许多观众缘。再比如商界传奇人物马云，他常常拿自己奇怪的长相来调侃自己："首先，说我'瘦马'的人有，说我'俊马'的人很少，说我'俊马'说明你的眼光真的很不一样。"但这些自嘲的话丝毫无损马云在许多人心目中的正面形象，反而让更多人对其更加喜爱。

"自嘲"不仅在明星、名人中异常流行，普通人也常常把它当作拓宽人际交往的技能。

小宋是个很矮的保险业务员，是那种一站到人群中就明显感觉到矮的人，但是他却喜欢和一群个子很高的人打篮球，并且每次都玩得特别投入，特别有激情。许多业务员经常在背后偷偷议论他："明明长得像个陀螺，却喜欢打篮球。"

但是小宋却这样回应别人的无礼："我人生中的最大乐趣就是和大自然作斗争。它喜欢高个子，我就偏偏长成个陀螺！"

他这种敢于"自嘲"的精神，受到了许多人的敬佩。而那些背后议论他的人，也慢慢地被他的大度所折服，开始越来越喜欢他。

其实，敢于幽默自嘲的人，绝对是拥有一颗强大内心的人。自嘲者往往拥有较高的自我价值感和自我效能感，以"黑自己"来取悦身边的朋友。自嘲的本意并不是真的"嘲笑"，而是在传达一个态度：我不会惧怕任何人对自己恶意或者善意的抹黑。

另外，自信者的"自嘲"还体现了一种人际交往的大智慧。不管是什么样的人，都喜欢真实的感觉。比如，有些人对外界表现得自己很"高大上",大家就会觉得你"特别装";若是你真的出点儿丑,大家反而会觉得你"很接地气",觉得与自己有相同的地方,当然就更愿意与你交流交往。

自嘲者运用的是一种化攻击为赞美的有效手段:别人对你恶意攻击,你努力"接住",而不是把这种攻击反击回去。这样大部分的人都会对你表示赞许,认为你大度、性格好,等等。当然,你反其道而行之的态度亦会越来越吸引其他人与你做朋友。

所以,生活中一个聪明的交流者往往会选择"避重就轻"地"自嘲"来迎合对方,让事情变得既好笑,又不失分寸。假如一个人开自己的玩笑,并且也不会介意别人加入自己的玩笑,大家都把这些讽刺的话当成玩笑,谁都不会当真,又都很开心,何乐而不为呢?当然,自嘲者也因此而拥有了好人缘,增加了喜欢自己的"粉丝",可谓日常交际中的双赢。

幽默是缓解气氛的法宝

与人交往交流,大家都能够开开心心,各抒己见,一直保持高涨的情绪,是每个谈话者都期望见到的情景。但是,每个人都难免会遇到彼此都进行不下去的话题，这就是所谓的"冷场"。

实际上，生活中很多人与别人交流的时候，提出的一些话题经常不能引起别人的兴趣，或者人们不愿对此做出反应，这样就导致了冷场。比如，一个人总是喜欢谈论与自己生活琐事有关的话题。这样的话题，开始时大家可能会出于尊重你的原因而耐着性子听你讲，可是时间久了，大家就会慢慢开始厌烦，毕竟谁愿意一直做别人的陪衬品呢？而且这样的话题无非就是一些每个人都会遇到的小矛盾，大家境遇相似，没什么稀奇，也没必要拿出来进行反复"探讨"，这样交谈的活动就无法继续进行下去了。

比如，有些人总是喜欢打听别人不愿意透露的信息，不经意间揭人家的短。类似于某某人的薪资待遇如何？工作时最看不惯谁？跟家人的关系怎么样？等等。其实，对于别人来说，这些就是对方的隐私。既然是隐私，每个人肯定不愿意提及。如果你总是有意无意地打听这些事情，别人就会觉得你很唐突；要么他会选择沉默，要么他就用一些含糊的理由搪塞你。正是由于你不合适的语言，导致了尴尬的出现。

再比如，有时候一个人为了迎合他人的意愿或者话题，故意不懂装懂，或者歪曲事实，在那儿胡编乱造。但毕竟这些话题是他不了解，没有建立在事实基础上的事情，说不了几句自己也会"编不下去"，"冷场"就出现了。

其实，冷场时，如果有人能用幽默的语言激起大家谈话的兴致，或者是在搞笑中化解尴尬的气氛，就可以让大家忘记之前的不快，顺利进入下一个话题。可以说，幽默是冷场的救命稻草。

小松是一位列车售货员，他负责售卖糖果、花生、瓜子等一些小零食，包括：地方特产——德州扒鸡、天津大麻花、内蒙古牛奶片等。

夏天最热的时候，也是内蒙古牛奶片一年中销量最淡的季节。但是列车上有规定：每位售货员每趟火车必须售出10箱，也就是将近500包的内蒙古牛奶片。小松为了完成任务，使出了浑身解数。

小松走到列车中间，清了清嗓音，然后对旅客们说："大家好，我是本次列车的售货员小松。在这里耽误大家几分钟时间，让我来介绍一下自己。我叫小松，来自内蒙古呼和浩特，出生在一个贫穷的家庭里。虽然我们家非常穷，但是我爸妈最后仍然供我上了大学，大家知道是为什么吗？"

此时大家开始议论纷纷，有的说是借亲戚朋友的钱；有的说是政府补助的；甚至还有人半开玩笑地说是砸锅卖铁才供他上的学。总之，各种奇葩的理由乘客们都说了一遍。

看着乘客们急切的眼神，小松最后大声说："你们真的很'笨'，这都猜不出来！"

听完小松的话，大家都尴尬到了极点，车厢里静悄悄的，谁

PART 2　沟通中幽默的艺术

也不说话了。

　　眼看大家讨论的激情就要被浇灭，交流马上就要冷场。

　　小松却一本正经地说道："其实当时我们家是卖了几头牛，一头牛卖的钱也不多，也就卖了一万多块钱吧。由于我们家真的很穷，也没卖几头牛，也就四五千头吧……"

　　小松说完此话，整个车厢的人都哈哈大笑起来。大家都明白了小松刚才所说的都是"反话"，当然，刚才尴尬的气氛也一扫而光了。

　　小松见大家又来了兴致，就接着调侃道："但是，我妈当时特别聪明，她只卖了公牛，把母牛给留了下来。为啥？因为母牛可以产牛奶呀！但由于牛奶太多了，不好保存，我妈妈就把这些奶用吹风机风干，切成了块。这就是我手中牛奶块的最原始做法。它具有牛奶所有的营养价值，能够美白、润肤……"

　　大家听着小松的话正在沉思，突然，小松眉毛一挑，一本正经地说："其实，我昨天就是因为自己太黑了，没敢来见你们。然后晚上吃了几块我手里的内蒙古牛奶块，今天变白了才敢来见大家！"

　　大家又被小松的夸张给逗乐了，哄堂大笑起来。并且还一边笑一边议论起牛奶的美白效果来了，气氛一下子就活跃了起来。

　　"不仅如此，它的口味还特别好。来，各位旅客朋友们不信的话就来尝尝我这'美白神器'的味道如何？"说着就拿出了早已准备好的牛奶片。

就这样,小松轻松地卖出了所有的牛奶片,顺利地完成了任务。

小松正是由于在话题快要冷场的时候,善于运用幽默的语言化解尴尬,让每个客户时刻保持情绪高涨,才顺利达到了自己的目的。

生活中与人交流,一定要学点幽默的方式和方法。在遇到冷场的时候"幽上一默",可以让你受到周围人的喜爱。

试试"不正经"地提意见

不管是在办公室里,还是在日常生活中,总会有一些时候需要你向他人提出一些意见或者建议。

比如,一个跟你一起工作的同事总是喜欢大声说话,搞得你没办法静下心来工作;比如一起生活的亲人总是把家里搞得乱七八糟,又不收拾;再如,上司制订了一个销售计划,但是你有不同的建议,并且确信效果会更好……

当你面对这些问题时,直接提出自己的意见或者建议会让大

PART 2 沟通中幽默的艺术

家都比较尴尬，给别人留下"不通情理"的坏印象，影响你的好人缘。再者，直接向你的上司提出自己的好意见可能会让他产生一些逆反情绪，如"就你聪明""就你爱出风头"，从而影响你的日常工作和升职。

所以，即使你对公司的待遇或者某些人的行为有一些不同的意见，提出时也要讲究方式方法。不过，人类总有一些独特的社交本领，千百年来在与人交往中被广泛运用，"开玩笑"就是其中的一种。

小齐是一家公司的小职员，每到吃饭点就是他最痛苦的时候。因为公司的伙食实在是太差了，不夸张地说简直就是"三月不知肉味"。

但负责大家伙食的厨师长是小齐他们老板的一个远房亲戚，大家都不敢惹，也不敢提意见，只能忍着。有的同事实在忍不了就去外面叫外卖，不过长期下去也不是办法，因此大家都想找个机会跟公司老板提提建议。

一次，老板接了一个大订单，心情不错，就慢悠悠地在厂里巡查。走到餐厅的时候，正好碰到大家在吃中午饭。

"天哪，我这排骨汤里竟然有排骨，真是千年一见啊！吃了这碗汤，我这是不是要考虑减肥了呀！"小齐见老板刚好走到自己身边，于是就故意大声地说道。

"嗯，咱们公司的伙食太一般了，但这样才能培养大家艰苦奋斗的精神啊！你说是不是呢？"因为心情好，老板听完小齐的牢骚不怒反而笑盈盈地说道。

见老板的心情大好，小齐胆子也大了起来，就开玩笑地说："是啊，我这一个月从160斤瘦到了140斤，艰苦程度和奋斗精神让我都对自己'刮目相看'了！"

听完小齐的话，老板哈哈大笑起来，边笑还边说："我马上给咱们职工改善伙食，一定做到每顿都有肉吃。"

小齐正是用"让我都对自己'刮目相看'了"这种既幽默又夸张的语言开玩笑，既提出了自己想要改善伙食的建议，又没有惹老板不高兴。

王老师是一位有着多年教育经验和资深教育资历的高中数学教师，他的班里有一个聪明但不爱学习的捣蛋鬼刘洋。

一次数学晚自习上，大家都在埋头苦思，安静地做着各种数学题，以迎接两个月以后的高二期末考试。

刘洋突然站起来问道："老师，我听说鱼肉里面有大量磷和蛋白质，对大脑帮助非常大。您说如果我现在就开始吃鱼的话，两个月后期末考试是不是就能过关？听说您以前也爱吃鱼，那我应该吃哪种鱼，又该吃多少呢？"

王老师听了刘洋的话，说道："如果照你现在的这种学习态度的话，你期末考试之前得吃掉一条鲸鱼才行！"

听了王老师的话，全班同学哄堂大笑，刘洋也跟着大家乐开

PART 2　沟通中幽默的艺术

了花。

但自此之后，刘洋一改往常的学习态度，果然在期末考试中取得了优异的成绩。

王老师正是用"吃掉一条鲸鱼"跟刘洋开了个玩笑，巧妙推翻了他想要"靠吃鱼来补脑"从而通过期末考试的想法，暗示只有努力学习才能取得好成绩。当然，这个玩笑很搞笑，刘洋能轻易地理解老师的建议并且记忆深刻，这也促使他以后积极端正自己的学习态度，从而取得好成绩。

对于许多员工来说，最大的苦恼就是自己有好的建议，却不知怎样跟上司提出，自己的才能无法得到上司的赏识。如果直接和上司提出的话，上司也不一定会真心接受。这时候你就要学会在恰当的时机跟上司开一些"国际玩笑"，趁机将自己的一些好建议跟他提出来。

比如，办公室职员非常不喜欢做事情的时候有上司时刻在现场盯着，因为那样会让自己感觉是在被别人监视，让大家有一种压迫感。某一天，上司跟你闲聊的时候你不妨跟他开开玩笑说："经理，你工作的敬业精神真的很令我们感动。因为你一直在紧紧地盯着我们，看我们是不是在工作。"相信一个聪明的上司肯定会明白你的意思，嬉笑间你就向他提出了自己的建议。

因此，当你想对周围的亲朋好友、同事爱人、父母孩子，提出一些好的建议，或者是你感觉"怀才不遇""英雄无用武之地"

的时候,不妨试着在跟他人开玩笑的时候,或者是以开玩笑为媒介,借机向他阐述自己的建议。给他人一个机会,也给自己一个机会。

用幽默将攻击反弹

与别人交流时,难免会遇到一些野蛮、无礼的人对我们进行斥责和羞辱。很多人都会选择"骂回去",以此来捍卫自己的尊严,甚至会"打回去"以彰显自己"人不犯我,我不犯人"的态度。

但是,急于回击别人的无礼,损失最多的是你自己,而不是那个羞辱和斥责你的人。因为如果你以无礼回击别人的无礼,外在表现也是低俗、野蛮的,这样就会破坏你的形象,严重的将会使自己的人际关系面临危机,反而得不偿失。

其实,面对一些傲慢无礼的人,最好的反击方式就是幽默。

老张是一个个头只有一米六,长相、能力一般的青年。但是,他却娶了一位貌美如花的"学霸"小刘回家。对此,许多同事都很是嫉妒,心里不服气,明里暗里地挖苦他。

PART 2　沟通中幽默的艺术

有一次，老张和他媳妇以及老张的一伙同事一起吃饭。席间，有一位同事早就看不惯老张，就想让他出出丑。但是，他从老张身上找不到突破口，就想从老张的媳妇小刘身上找突破口。

那个同事故意以敬酒为理由笑嘻嘻地向小刘发难道："嫂子，我知道你是个学霸，个子又高。不过你嫁给了这个矮胖小子，就不后悔吗？不知道老张究竟对你用了什么样的手段，把你忽悠住了？你到底图个啥呢？"

因为他打定主意这个问题很难回答。如果回答是"因为爱情"，大家肯定会笑话她"假清高"；如果是因为别的原因，则会让老张出丑。

没想到小刘想都没想地回答道："就图老张的个头呀！"

听了小刘的话，大家都面面相觑。小刘此时话锋一转，接着说道："马云也不高啊，所以浓缩的才是精华啊！"

一句话将那个挑事的同事"噎得半死"，悻悻地将手中的酒一饮而尽。从此以后，再也没有同事敢取笑老张了。

小刘就是一个会说话的聪明人，懂得用幽默进行反击。她首先顺着那个同事的话说是"因为老张的个头"，让那个同事以为小刘掉进了自己设计的陷阱。当他正在得意忘形之际，又用"浓缩的才是精华"倒打一耙。

因为凡是取笑老张个头矮的人，肯定会以自己的身高为傲。小刘搬出马云个头矮却人人都敬佩的事实做靠山，既证明了个头

— 043 —

矮的人才会有一番大的作为，又暗讽了那位同事空有一副大块头，让那个发难的同事"搬起石头砸自己的脚"，有口难辩。

其实，运用幽默的话语进行反击，就是要像小刘那样，表现出一种"压力下的风度"，礼貌地"以彼之道，还施彼身"。

多多今年刚刚10岁，但是在外语上却表现出惊人的天赋，他的妈妈也常常引以为豪。

一次，多多跟着他的妈妈去一个朋友家玩。恰巧那个朋友家有个比自己大几岁的少年正在做英语试卷。多多见那个少年看了半天也没有写出正确的答案，出于好奇，就瞄了一眼英语试卷。不一会儿，他就报出了正确的答案，在场的人都惊呆了，大家纷纷夸赞多多聪明。

那个男孩看自己被一个比自己小的人比下去了，就很不服气地讥讽道："小时候聪明的人，长大了不一定有用！"

没想到多多回答道："那哥哥你像我这么大的时候，肯定很聪明啦！"

这话惹得满屋子的人都哄堂大笑，那个讥讽多多的少年也囧得羞红了脸。

多多正是借用了少年的话"小时候聪明的人，长大了不一定有用"，进行反击："你像我这么大的时候，肯定很聪明啦！"表面上礼貌风趣地夸奖那个少年，实际上是暗讽他现在很笨。这一招"以彼之道，还施彼身"，巧妙地把少年抛来的"炸弹"又

PART 2　沟通中幽默的艺术

给他抛了回去。

生活中许多人运用幽默来反击他人的无礼，得到了比直接反击更有力的效果。其实，许多名人、演说家，也将幽默作为自己反击他人的"宝典"。

美国著名作家马克·吐温在没有成名的时候去参加一个宴会。宴会上他与一位女士坐对面，出于礼貌，他说了一声："您真漂亮！"没想到那位女士却高傲地讽刺道："可惜我没办法同样来赞美你！"马克·吐温说："没关系，你也可以像我一样，说句假话就行了！"那位女士听了马克·吐温的话，羞愧地低下了头。

马克·吐温表面上赞同女士对自己的侮辱，推翻自己夸奖女士的话，实际上就是在说那位女士也不值得人赞美。可谓借那位女士的话，反击了那位女士，反击的最大力度也不过如此吧。

所以，懂得说话艺术的聪明人永远不会直接用一些侮辱性的语言来反击他人的无礼，让自己给别人落一个"素质低"的把柄。他只会运用幽默的话，间接地回击他人，既表现出了自己的大度，又能让自己的反击效果成倍增加！

把握好尺度不过线

开玩笑，本来是一件众乐乐的事，但如果开玩笑的对象闷闷不乐，那么，这个玩笑就是一种伤害。

气氛尴尬的时候，一句玩笑话很可能瞬间就让压抑的气氛轻松下来，这时玩笑话就起到化干戈为玉帛的作用。然而，有些人开的玩笑，根本不像是在开玩笑，更像是在挖苦和嘲讽别人。所以我们要明白，尖酸刻薄和幽默感完全是两回事，不要把它们弄混。

当你直接跟一个人说，他简直笨得像头猪，或是跟你的房东直言，他家的装修很土气时，或许你觉得自己是在开玩笑，但是对方很可能并不买你的账，觉得你已经伤害或侮辱到他们了。

李彤正在读大学，因为天生就比较黑，所以被宿舍里的董峰起了一个外号——黑哥。

可是，这件事却让李彤十分不高兴。宿舍其他人似乎都能感觉到他的不开心，渐渐地，也都不叫他的绰号了，偏偏只有董峰，无论何时何地都会用"黑哥"来称呼他。

李彤说，他和舍友的关系相处得挺好，就连和给他起绰号的董峰的关系也不错，唯一让他不高兴的就是被别人叫成"黑哥"。其实，不光起绰号这件事，董峰还经常拿他肤色黑讲各种段子。

讲到这里，可能有人会说，这个李彤太"玻璃心"，不就是被人说一下肤色黑吗，这也没什么，没必要和舍友闹别扭。虽说拿一个男人的肤色黑开玩笑，算不上是严重的挖苦讽刺。但是旁观者和当事人的感受是不同的。我们不是李彤，无法感同身受，就会觉得这是一件小事。可能起绰号的董峰也是这样想的，"这不过是同学之间的玩笑话罢了"，于是，并没有把它当回事。

其实，如果你开的玩笑并不好笑，或者已经超出了适度的范围，就必须考虑是否伤害到了别人，这一点很重要。此时，如果你的道歉毫无诚意的话，只会适得其反，让局面变得更糟。所以，你要避免说这样一些话：

"我不是这个意思，这纯属意外。"

"我真的不懂你为什么要生气，放轻松一点嘛。"

"这没什么大不了的吧，纯属口误。"

"我已经说对不起了，你还要我怎么样？"

如果你有同理心，不妨这样想一想：其实这个世界上真的没有人喜欢别人拿自己的短处和缺陷来开玩笑。想想自己曾经的遭遇吧，当我们成为别人开玩笑的对象时，是不是心里觉得很憋屈，一万个不高兴？遗憾的是，那个开我们玩笑的人，还觉得不就是一个玩笑吗，何必这么当真？

如果你真的想道歉，那么就真心诚意地向对方道歉，并让对方感觉到。你可以试着这样说：

"真的很抱歉，我真不知道自己在想什么。"

"你尽管说，我该如何赔罪？"

"我没那个意思，我简直太蠢了。"

"我对不起你，我怎么这么没脑子。"

"是我把事情搞砸了，请你原谅我吧。"

"我肯定说错了什么，真的很抱歉。"

"我完全没有伤害你的意思，对不起。"

"如果换作我，我也会生气的。所以，真的很对不起。"

有些话、有些事，对一些人而言可能无关紧要，但是对另一些人而言可能就关乎人格和尊严，毕竟我们很难做到感同身受。所以，开玩笑的时候，无论是有心还是无意，一旦开玩笑的对象露出了不悦的表情，就要立刻停止，并且事后做出真诚的道歉。

当然，既然要道歉，就好好地道歉，然后把这件事忘个精光，别总是提起。另外，道歉的时候也要避免过度戏剧化，否则会让人心生反感。例如，这些话就明显说过了头，让人看不到你的诚意：

"我真的非常、非常、非常抱歉。"

"我的天啊，我怎么这么笨，我简直就是天底下最大的笨蛋。"

总而言之，开玩笑就是为了活跃气氛、增进感情。所以，在开玩笑的时候，一定要三思而后行，不要因为不恰当的玩笑而损害了人际关系，否则就得不偿失。

用富有创意的幽默推销自己

幽默语言是一种特殊的语言艺术，很多人都希望自己的语言能够给人一种风趣幽默的感觉。同样，这种语言风格是人们适应环境的必要工具，而富有创意的幽默，能够减轻他人的精神和心理压力。

俄国文学家契诃夫曾经说过："不懂得开玩笑的人，是没有希望的人。"或许你会认为他说这句话太过偏激，但是不得不说，生活中的每个人都应学会幽默，也应该让自己变成一个有创意的幽默者。多一点幽默，少一点苦闷，他人与你交流才会变得自然；多一点幽默，少一点偏执，可以淡化他人的消极情绪。那么，怎样培养自己的幽默感，让自己的幽默更富有创意呢？

首先，扩大自己的知识面。幽默是一种充满智慧的表现，要想让自己的幽默富有创意，就需要建立在丰富知识的基础上。一个人只有有了广博的知识，才能做到谈资丰富，妙言成趣，也才能做到随机应变。因此，我们要培养自己的幽默感，就必须要涉猎广泛，充实自我，不断从浩如烟海的书籍中收集幽默的浪花，让自己的内心充满创意的火花，这样在与他人交流过程中，才能随机应变、应用自如。

其次，要乐观地对待现实生活和工作。幽默是一种宽容精神的体现，我们要善于体谅他人，要促使自己学会幽默，就要学会宽容。乐观与幽默是亲密的朋友，在与他人相处过程中，学会宽容他人的一言一行，站在对方的立场思考问题，自然他人也会更加喜欢你。

最后，锻炼观察事物的能力，培养机智、敏捷的思维，是提高幽默感的一个重要方面，也是让自己富有创造性幽默的一种途径。在交往过程中，我们应该学会观察他人，通过他人的言行来设定自己的幽默，创造出适合他人的幽默方式和话语。不同的人对待幽默要求可能也不同，比如有的人喜欢积极主动型的幽默，有的人喜欢冷笑话，等等。因此，善于观察他人，才能培养出适合自己的幽默方式。正如康师傅销售人员推销时说的："你们知道世界上最有魅力的人是谁吗？当然是康师傅了，因为每天都有成千上万的人在泡他！"

在第二次世界大战的时候，美国军方推出了一款保险，这个保险规定：如果每个士兵每个月花费十美元，那么万一上战场牺

PART 2　沟通中幽默的艺术

牲了，保险公司会给他们一万美元作为补偿。这款保险政策推出之后，军方想当然地认为士兵们肯定会很想要购买，于是，他们将命令下放到各个连队。要求每个连长都向大家宣布这个保险，并且希望士兵们都能够购买。

就在这个时候，一个连长按照上级命令，将整个连队的士兵都召集起来，开始向大家解释这款保险，并且承诺，这个保险是真实有效的。连长以为士兵们会很高兴地去购买，但是发现，没有人愿意去购买这款产品。

连长感到很不解，为什么没有士兵愿意花费10美元来购买保险呢？正在连长纳闷的时候，一名老兵找到了连长，讲出了士兵们的心声："士兵心里想得很简单，在战场上，连命都保不住，死了要那一万美元有什么用，还不如拿十美元买两瓶啤酒呢，所以大家根本不愿意去买保险。"

连长听了觉得很有道理，他问老兵有没有好的办法，老兵说他可以试试。

第二天连长又将士兵召集起来，只见老兵站在最高点，说道："兄弟们，我想和大家沟通一下，昨天连长说了一款保险，大家好像没有购买的意向。其实，我所理解的这款保险是有含义的，战争已经开始了，大家都可能会被派到战场打仗，如果你买了保险，在战场上你不幸被敌人打死了，政府会给你的家人和亲人一万美金，保证他们能够在以后的日子里有吃有喝；相反，如果你没有买保险,你上了战场,战死了,你一分钱也得不到,也就是说你等于白死了。换个角度想想,政府首先会派战死了需要赔偿一万美金的士兵上战场,还是会派战死了不用赔偿的士兵上战场?"

老兵这一番话说完之后,全连士兵都纷纷投保,其实,大家都不愿成为那个第一个被派上战场的人。即便被派上战场,自己有什么不测,也希望自己的家人能够得到一定的补偿。

这位老兵正是运用了这种富有创意的黑色幽默,让士兵看到了保险的价值所在。幽默可以说是人际沟通中的金钥匙,这种交流方式具有很强的感染力和吸引力。当然,幽默的目的不仅仅是为了让他人开怀大笑,更重要的是能迅速打开对方的心灵之门,让他人对你产生好感。

幽默批驳,不触对方的怒点

北宋著名文学家苏轼在做翰林学士时,在宰相王安石门下做事。王安石很器重他。然而苏轼才华不凡,加上性情洒脱不羁,对王安石这位"上司"说话就不太敬重,结果闹出许多不愉快。

有一次，王安石谈到坡字，说："坡乃土之皮。"苏轼听了，就开玩笑地说："如果照你这样说的话，那么'滑'字就是水之骨了。"听着苏轼调笑的口吻，王安石很不高兴。

又有一次，王安石说："'鲵'字从鱼从儿，合当是鱼子。四马曰驷，天虫曰蚕，由是观之，古人造字，定非无义。"

苏轼听后，拱手进言道："如此，'鸠'字九鸟，想必也是有一定道理的。"王安石不知苏轼是嘲笑之言，忙问："哦，怎么讲？"

苏轼笑道："诗云'鸣鸠在桑，其子七兮'，七只小鸟再加上它们的爹娘，不正好是九只吗？"

王安石这才知道苏轼又在调侃自己，因此对苏轼的印象很不好，觉得他为人轻浮、狂妄自大，不可以担当大任。不久之后，苏轼被贬为湖州刺史。

三年后任期结束，苏轼回京拜访王安石。书童把苏轼引到书房等候的时候，苏轼见到书桌上放着一方素笺，原来是一首只写了两句的诗，主题是咏菊。苏轼把这两句念了一遍，不由叫道："这两句诗不通啊。"

诗是这样写的："西风昨夜过园林，吹落黄花满地金。"为什么苏轼觉得这句诗不通呢？原来他认为，西风应该是在秋天才吹起，而菊花在深秋盛开，开得也是最久，即使焦干枯烂，也不会落瓣。

这样一想，苏东坡就按捺不住了，于是他就依着前两句的韵律添了两句："秋花不比春花落，说与诗人仔细吟。"

王安石回来一看，知道苏轼来过，心想："这个年轻人是真有才华，可是到下面历练了这么久，还是这样轻浮傲慢，没有稳重的样子，用他只怕要误事，他还需要历练。"第二天，诏书发下来，苏轼再次被贬为黄州团练副使。

同样是幽默批驳，东方朔的做法却得到了汉武帝的认可。

汉武帝好大喜功，问东方朔："先生看我是什么样的君主啊？"

东方朔明白汉武帝的心思，便回答说："自唐虞之后，到周朝的成康盛世，没有一位国君可以和您相比。以臣看，皇上的品德在五帝之上，功勋在三皇之前。正因为如此，天下仁人志士和贤达之人都来投奔和辅佐您。比如周公、召公为丞相，孔丘为御史大夫，姜太公为将军……"

东方朔一口气将古代三十二个治世能臣都说成了汉武帝的大臣。汉武帝听到这里大笑不止。

但凡有点智商的人，也能听出东方朔的幽默话语里带有揶揄的味道，但是他偏偏能够说出这些话来，使汉武帝开心。

汉武帝笑过之后，难免就要思考一下自己与古代圣王之间的差距，仔细比较之后，他感到自己确实不如古之圣王。

汉武帝晚年很希望自己长生不老。有一天，他和东方朔谈起了这个话题。他说："相书上说，一个人鼻子下面的'人中'越长，

PART 2　沟通中幽默的艺术

寿命就越长，'人中'长一寸，能活一百岁，不知道是真是假？"

东方朔一听汉武帝的话，就知道这个皇帝又在做长生不老的白日梦，脸上顿时露出一丝讥讽的笑意。汉武帝见后，很不高兴，喝道："东方朔，你是要笑话我吗？"

东方朔连忙收敛笑容，恭恭敬敬地说："陛下，我怎敢笑话您呢？我是在笑彭祖。"

汉武帝问："哦，你为什么要笑彭祖呢？"

东方朔笑着回答："据说彭祖活了八百岁，如果像皇上说的那样，一寸人中能活一百岁，彭祖的人中就该有八寸长了，那么他的脸岂不是太难看了？"

汉武帝听了，也哈哈大笑起来。

东方朔幽默的说话方式，与前面苏轼调侃王安石的说话方式有些类似，但是他们的结局却不一样。同样是面对上级领导，苏轼的调笑之语为王安石所厌恶，而东方朔的调侃话语最终得到了汉武帝的认同。为什么会如此呢？

这是因为东方朔的智慧与苏轼不同：苏轼的智慧是文人雅士式的，骨子里透着清高和傲气，他的调笑当中有一种看不起的意味；而东方朔的幽默智慧是俗世浑人式的，骨子里透着亲和力，他的调侃总是给人带来欢乐，而不会让人觉得伤了尊严。

关于这两种幽默之间的区别，你是否能够领悟呢？而在我们的生活中，有许多人不能区分这两种幽默，结果许多人的幽默变成书呆子式的，完全不接地气，不能愉悦人心。

最后要说的是，千万不要以为东方朔这种俗世浑人式的幽默智慧是市井俚语，没有什么学问。

事实上，东方朔本人学识渊博，要不然他也无法说出那么多古代治世能臣的名号。因此，东方朔真正的智慧在于知道在什么时候、什么场合，说什么样的话效果最好。

正因为把握好了这样一个原则，东方朔能用笑彭祖的办法来讽刺汉武帝的荒唐，批驳得机智含蓄、风趣诙谐，而令正在发怒的皇上也不禁哈哈大笑起来，愉快地接受了这种批驳。这种说话的智慧非常高明。

尤其是在别人犯错的时候，不要调侃别人，调侃别人的错误无异于揭人之短。当然，如果你掌握了东方朔式的说话智慧，那又另当别论。简单地说，若是你想调侃别人，让别人接受你，那么你就要让你的幽默言语充满亲和力，而不能一味地讽刺，把他人当傻瓜来戏耍。

PART 3
沟通中赞美的艺术

赞美不等于恭维

每个人都愿意听好听的话,听赞美的话,希望自己的价值得到别人的认可,尤其是来自朋友的认可。对他人适度地肯定叫赞美,可以为自己和他人营造一种和谐的氛围。但是,并非所有的赞美之辞都能让人喜欢,因为赞美的时候,要考虑场合、对象、语言等因素,只有把这些细节都兼顾到了,才能赢得被赞美者的喜欢。若不分对象、不分场合,过度地说一些所谓的"好听"的话,反而成了恭维、奉承,甚至让听的人恼羞成怒。赞美的尺度掌握得如何,往往会直接影响赞美的效果。记住,点到为止的赞美才是真正的赞美。

假如在一次聚会上,你发现某人歌唱得不错,如果你这么说:"你的歌声是全世界最动听的。"显然,这样的赞美只能使双方都难堪,但是如果换个说法:"你歌唱得真不错,挺有味道的。"想必对方一定会很高兴。

这就好比一个气球吹得太小,难免不够好看,但是吹得太大,又很可能会吹破。所以说，对他人的赞美也应该掌握一个度，真诚的赞美应该恰到好处，而这样的聊天也会更加愉快。

当然，并非人人都能把赞美的话说得恰到好处。生活中，很多人常常是为了赞美而赞美。例如，为了讨得上司欢心、达到自己的目的，总是说一些阿谀奉承的话："您真漂亮，是我见到的第一美人。""您是我遇到的最有能力的人，没有谁能比得上您了。"对他人如此恭维，听起来当然不会令人舒服。

显然，这样的赞美是不得当的，很容易失掉聊天的真诚。真诚的赞美是出于真实的感受，是一个人对另一个人的某种优势、长处的肯定。拍马屁则不同，它并不是出自人们内心深处对另一个人的认可，而是为了达到某种目的而刻意表达出的好感。这种过度的赞美难免会让整个对话听起来像是吹捧、阿谀奉承。

姚大叔家的小兵先天性失声。但由于家里就他这一根独苗，因此家里人都特别宠他。从小还给他"留了个辫子"，农村人称为"燕尾"。

小兵10岁的时候家人给他进行了"燕尾礼"，也就是剪辫子。

邻村的余震是个有点儿拎不清的主。一天，他赶集回来路过姚大叔家，见这家正在办喜事就想占个便宜，讨口酒喝。

邻里乡亲就开他玩笑："余大个儿，听说你顺口溜说得不错。来，给主人家说几句好听的，说得好这瓶酒就归你了！"

余震清清嗓子道："哎、哎、真是巧，天上掉下个大元宝，

大元宝，不得了，一看是个男宝宝。男宝宝，真是好，开口就能喊姥姥……"

主人听了余震的话，心里非常生气，我儿子明明不能说话，他在这里竟然还说能"喊姥姥"，这不是看我笑话吗？

于是，姚大叔跟亲戚朋友气愤地将余震赶了出去。

余震说的话在别人听来肯定都是赞美，但在姚大叔听来就成了刻意地恭维甚至侮辱了。由此可见，赞美他人也有讲究，不分青红皂白地一味说好听的话，有时也会适得其反。

赞美一定要发自内心，要让对方看到你的真诚，而不是信口开河，因为你要赞美的人是你了解的人，你要赞美的话语是来自于被赞美人的优点。

多数时候，适当的赞美可以让感情升温，而过度的赞美只会显出你的虚伪，也会让你的赞美显得功利，让听者产生"他是不是要跟我借钱""他是不是想让我帮什么忙"之类的想法。

做一个有分寸的人，一定要懂得拿捏赞美的分寸。使用过多的华丽辞藻，只会使对方感到不舒服、不自在，甚至感觉肉麻、厌恶，结果只会适得其反。而恰到好处、点到为止的赞美才是真正的赞美。

唐朝的宋璟是武则天时期著名的大臣，刚正不阿。

一次，一个人转交给他一篇文章，并对他说："写文章的是个很有才的人。"宋璟非常爱惜人才，于是就马上拿起这个人的文章读了起来。他一边读还一边大加赞赏道："不错不错，此人真该重用。"

可是读着读着，宋璟就皱起了眉头。原来，这个人想要得到宋璟的重用，于是就在文章中对他大加吹捧，这让宋璟很生气。

后来，宋璟就对送文章的人说："这个人的才学不错。但是言语极尽巴结谄媚之词，定是个溜须拍马的小人，重用这样的人没什么好处！"因此就没有推荐这个人做官。

由此可见，方法不对，赞美就会变成溜须拍马，惹人厌恶。因此，生活中与别人沟通，你一定要明白赞美与恭维的区别。

赞美是他人发自肺腑地针对某个人真实存在的优点或者长处的赞扬和钦佩。恭维则是由于讲话者本着某种不可告人的企图，毫无尊严地去吹捧他人。

赞美与恭维的表现与结果大不相同：

1. 赞美是真诚的

真诚赞美别人的人，是由于自己从另一个人身上找到了符合自己内心深处对理想和价值标准的认可。比如说，自己心目中的美女就是被赞美者这样的；又或者在某件事的处理上，自己内心认为最正确的处理方法正是被赞美者采用的方法。因此，此时自己内心异常激动，情感顺势流露，自然而炽热。

恭维他人则是由于自己内心深处的某种目的，被动地在语言上对另一个人进行认可和钦佩。这种人在赞美他人时，内心时刻想着怎样说话才能从被赞美者身上得到投资和回报；怎样才能顺利完成与自己利益相关的事。此时脑袋和心不同步，就会出现"缝隙"，也就是虽然他嘴上激情四射地夸赞别人；内心却可能对此人看不起、嗤之以鼻。因此，脸上肯定会显示出不自在的神情。

2. 赞美一般都是实事求是，有理有据的赞赏

比如，一个真诚赞美他人的人会用"此人总是不拘小节，却在文学上造诣很深"来赞美别人。这样就非常有针对性和分寸。既提示了不拘小节是此人应该注意的缺点，又讴歌了他文学上令人钦佩的造诣。而绝不会用"完美""没有缺点"这些毫无分寸的字眼去赞扬他人。

恭维则是凭空捏造、没有事实根据地吹捧他人。因此，恭维的人往往只能借用缺乏生动的词语，来将夸赞的东西任意扩大，比如"我最最喜欢你""我非常非常崇拜你"，大事特夸、小事大夸、无事也要夸是这些恭维的人说话的特点。更有甚者，会把一个人的缺点说成优点，把错的说成是对的，以此来博取他人的欢心。这样的人时常会自以为聪明地向旁人挤眉弄眼，以显示自己非凡的本领。

3. 赞美可以给人信心，让他人获得直接的成功

赞美是有事实依据的，能让人从你的赞美语言中获得力量和

信心；而过分恭维则会让听的人厌恶，甚至会认为你是在挖苦他，时间久了会导致你们关系的破裂。

因此，生活中你需要做一个懂得赞美他人的人，而不是一个只会一味恭维别人的人。与人交流要赞美，而不要恭维。

表示赞同，也能起到赞美的作用

赞同，也就是赞许的意思，能够起到参与促成的效果。任何一个人都希望能够得到别人的赞同和赞许，这样的态度能够给对方一种心灵上的安慰。

在我们赞同他人的言语时，很容易让他人对我们产生认可。赞美他人就是间接拉近与他人的距离。任何一个人都希望得到别人发自肺腑的认可。而我们积极地去认可和赞同对方的意见，能够达到赞美对方的效果。那么，赞美他人达到的哪些效果可以通过赞同他人实现呢？

首先，赞同他人意见能达到让对方高兴的效果。没有人不喜欢听赞美的语言，而赞美对方就是为了能够让对方在与自己沟通过程中，感受到愉快。当我们主动对他人的话表示赞同也能够让对方感受到快乐。

其次，赞美他人就是赞同的最高境界。每个人都希望自己能够得到别人的大力认可，因此，在和他人进行沟通的过程中，我们要充分考虑到对方的这一心理，从而实现成交的目的。

最后，赞美他人就是让对方感到满足和有成就感，赞同对方也能够达到这样的效果。对方通过自己语言来实现最终的目标表达，而作为听众的我们完全可以给对方这样一个表达的平台，认可对方的思想，让对方感到满足。

一名销售人员正在听一位客户讲述自己对产品的使用情况："你们这款产品虽然价格贵，但是对我的脊椎病还是有一定帮助的，每天坚持用几分钟，用完之后，感觉身体特轻松。我算了一下，一年三百六十五天，平均到两年的话，每天也就五元钱的成本，你说对吧？"

面对客户的反问，销售人员笑着频频点头，说道："您说得太对了，也就是每天一盒烟的钱，最主要的是对身体好，没有危害。"

说完之后，客户紧接着花了一千元买了产品。

这种对客户的赞同就达到了成交的目的，这也是销售人员希望看到的结果。我们也可以把这个方法用于社会交往中。当然，在赞同他人的同时，也应该注意以下几方面的问题：

第一，赞同他人要有依据，不能漫无目的地赞同。无论我们认为他人说得如何正确，都要说出自己的依据，只有这样才能够让对方感受到你的真诚，而不是在敷衍他。这样做能够加强对方对你的认可程度。

第二，赞同对方要客观、真实，不要说一些假话和空话。因此，我们要善于找到赞同的依托点，只有这样，对方才能够相信你说的话，从而相信你的话。

第三，赞同对方并不是一定要重复地说一句相同的话。当我们在认可对方观点的时候，对方从内心往往会感受到我们的真诚，因此，认可对方的意见不仅能够让对方内心感受到满足，从而愿意与你进行沟通。

借他人之口，间接赞美

赞美他人的话每个人都会说，但赞美后的效果却不尽相同。例如，你想追求一位漂亮的小姐，每天在她面前夸她漂亮得像仙女一样，对方对你的态度也许淡淡的；而另一个人经常在这位女士的朋友、同事面前夸赞她漂亮、有气质，希望能娶到这样贤惠的妻子，却反而得到了她的青睐。

直接赞美别人，固然能取得一些效果，但如果处理不好，就有可能让自己的赞美沦为阿谀奉承，给对方留下负面的印象，反而让人觉得你的赞美之词显得太露骨、太肉麻。再者，赞美就像蜜糖，吃多了口味相同的糖，就会让人觉得索然无味，总是直接赞美一个人，难免会让他听腻烦。

一个懂得赞美技巧的人一定会巧用间接赞美，来润滑自己的人际关系。

营运部经理小葛是个内向而又多疑的人，并且对谁都是少言寡语的。一次，同事小丽、静静和喆喆在一起闲聊天。小丽对静静说："女人就应该多打扮，不化妆坚决不能出门。因为男人都喜欢化了妆的妖艳女人，要不那些小三、二奶为何都喜欢打扮得花枝招展的；女人不坏，男人不爱。"

对此喆喆大为反感地说道："女人最主要的是内在，不是光有外表就行的。你看人家小葛，平时也没有浓妆艳抹的，但感觉就是有气质，我就喜欢她那样的。"

恰巧此时小葛冲咖啡路过这里，无意间听到了喆喆的赞美，她的心里真像吃了块糖似的那般甜。

从此以后，小葛跟喆喆经常聊天、谈心，互相倾诉自己的小秘密，她们成了无话不谈的闺蜜。

在小葛看来，喆喆是在背后赞美自己的，而且并不知道自己会听到，这种赞美不是刻意的。如果喆喆当着小葛的面说这样的好话，生性多疑的小葛可能就会认为喆喆是在有意讨好她或者是在打趣她。

由此可见，在背后说别人的好话，要比当面夸赞别人效果明显好得多。

比如你当着同事的面赞美上司，你的同事会认为你在刻意讨好上司，会引起周围人的反感，而你的上司也难免会认为你有奉承之嫌。这样一来，直接赞美不仅起不到良好的效果，甚至还会起到反作用。所以，有的时候不如试着去间接赞美别人，既能表明自己出自真心，也能减少不必要的尴尬和误会。

不仅如此，上级如果运用间接赞美来鼓励下属，比直接赞美更能起到激励效果。

后勤部的王刚最近非常郁闷，因为他又一次把市场数据分析表搞得一塌糊涂，这已经是本月第三次出现差错了。为此，他除了害怕被炒鱿鱼以外，还感觉自己什么都干不好，对自己失望透顶。

一次，他跟前辈崔浩聊天时唉声叹气地说："我觉得经理快要炒我鱿鱼了，我什么都干不好，干脆回家种地得了！"

没想到崔浩说："怎么会呢？上次我跟经理闲聊时他还提到了你。他说你在做数据、做表格上面是有欠缺，但他夸你性格大方、酒量又好，如果做起销售来肯定是个好苗子，他还考虑将你调到销售部呢！"

听了崔浩的话，王刚心情非常激动，瞬间充满了力量。从此以后，他做事情越来越细心，做表格的技术也直线上升。

如果王刚的经理此时对他直接说一些鼓励、赞美的话，可能王刚就会认为经理是在安慰自己，不会产生太大的感触。但当他从崔浩的口中听到了上司对自己的赞赏后，就会深受感动，从而会更加努力地工作，以报答上司对自己的知遇之恩。

除此之外，间接赞美的好处还体现在它可以发现别人"隐藏的闪光点"上。称赞一个人时，与其直接称赞人人都知道的优点，倒不如间接地发现他并不显眼，甚至连他自己也未曾觉察的优点，并加以赞美。

他最大的优点已成为人人皆知的了，在所有人看来都已经习以为常了，而那些大家并不知道的优点，很少有人发现，因此对这个人来说就弥足珍贵。此时，你独特的发现与称赞，让对方发现了自己身上的优点，增加了自信。当然，与此同时你不同凡响的观察力还会获得对方的认可。

大部分人表达感情都是比较含蓄的，即使是让他面对自己最亲密的亲人、朋友，他也不好意思当众表达得太过明显，太过直接。因此，不管你是个什么样的人，生活中与人交际，在跟他人表达自己的赞美之情时，想要让自己的语言既有赞美之功效，又无奉承之嫌疑，只要运用间接赞美就可以完美达成。

PART 3　沟通中赞美的艺术

赞美客户前，先把握对方喜好

如果你是一位销售人员，学会赞美很重要，因为赞美能得到客户的好感，从而产生效益。世界上最华丽的语言就是对客户的赞美，适度的赞美不仅能够拉近人与人之间的距离，还能够打开客户的心扉。虽然在世界上，到处都充满了浮夸的赞美，但很多客户还是喜欢听到发自内心的赞美和肯定，被别人赞美和认同是一种本质上的心理需求。

能否站在客户的角度上想问题，这是衡量销售人员是否合格的关键因素。既然客户需要得到我们的赞美，我们又何必吝啬我们的赞美之词呢？因为我们的赞美可以说是一种不需要增加任何成本的销售方式。

当然，赞美可以说是一门艺术。赞美一定要把握别人的喜好，而且还要赞美对象能够正确地认识到自己的优点，不同的赞美之词，往往需要不同的依据，不同的顾客需要不同的方式来赞美。赞美方式选得是否正确，赞美程度把握得是否到位，是衡量对客户赞美是否能达到好的效果的重要标准。

要寻找客户身上可以用来赞美的点。赞美顾客是完全需要理由的，我们不可能凭空捏造一个点来对客户进行赞美，但是，无论怎样的点，都一定要是我们能够赞美的点。要有充分的理由来赞美你的客户，这样的赞美，客户才能更加愿意接受；这样的赞美，客户才能从内心感受到你的真诚。

第一，一般情况下，我们选择赞美的点，是客户自身所具备的优点。我们可以发现顾客身上所具备的优点是什么，然后根据对方的优点进行赞美。在选择客户的优点进行夸赞方面，可以从多个角度来寻找，例如：客户的事业如何、客户的长相身材、客户的行为举止、客户的语言等，从多个方面进行赞美。当然，赞美客户一定要选客户的优点，只有赞美客户的优点，才能让客户感受到你的真诚。如果你不加判断地赞美了客户的一个缺点，那么你的赞美是没有作用的，甚至会适得其反。

第二，这个赞美的点对于客户来讲是一个事实的存在。客户的优点一定要是不争的事实，对于事实的赞美和陈述，我们一定要站在真实的角度进行把握，只有这样，才能赞美得更加顺畅，客户心里才能接受我们的赞美。

第三，要学会转化成自己的语言表达出来。对顾客的赞美需要我们对自己的语言进行合理组织，以一种非常自然的方式进行表达。如果我们可用非常华丽的词藻对生活和工作中遇到的事情

PART 3　沟通中赞美的艺术

进行描述，那么，客户可能会认为你是一个太过做作的人，进而对你所说的话可能就无法产生信任，甚至会打一些折扣。所以学会用自然的方式来表达你对客户的赞美，这将是一种非常好的表达方式。

　　第四，在恰当的时候，真诚地表达对客户的赞美。对顾客的赞美一定要选择适当的时机，只有这样才能显得你的赞美更加自然。同样，对于顾客的赞美，一定要适当地加入一些调侃的语气，这样能够让气氛变得更加活跃，并且让客户心里感到舒服。

　　有一次，一个客户走进一家卖地砖的店里，在一款地砖面前停下来，销售人员走过去对顾客说："您的眼光真好，这款地砖是我们店新到的，刚到货十天，就成了热销产品。"顾客问道："多少钱一块啊？"销售说："这款瓷砖，折后的价格是130元一块。

　　顾客说："价格有点贵，还能便宜点吗？"销售人员问道："您家在哪个小区啊？"客户说："在东方国际。"销售人员说："东方国际可是高档小区，小区里的绿化很好，并且还有底层洋房。这个小区的价格可不低，您买这么好的地方，我看肯定不会在乎装修花多少钱了。不过我们近期正在针对东方国际和名苑小区做一个促销的活动，这次还真能给您一个更优惠的价格。"顾客兴奋地说："可是我只是交了定金，现在还没有拿到钥匙呢，还不能确定具体的面积，这可怎么办呢？"销售人员说："您如果现在就提货还真无法享受优惠，按规定我们是要有三十户才能走这个优惠。今天加上您已经二十五户了，还差五户。不过您可以先交一千元的定金，我给您标上团购，等您新房面积出来了，再告诉我具体面积和数量就可以。"

这样，客户直接拿出现金，提前交了定金，两周之后，这个订单就算搞定了。

这个案例虽然很简短，但是不乏我们借鉴的地方，最重要的是这位销售人员善于赞美。"您的眼光真好，这款地砖是我们店新到的，刚到货十天，就成了热销产品。"这句话不一定是真话，也可能是销售人员为了赞美客户才说的，这款产品也可能不是销售得最好的产品。但是有一点，客户喜欢，这就是真理。既然客户喜欢，我们为什么不能够按照客户的喜欢点来提供一些证据让客户更加喜欢呢？要知道每个人都需要认同，客户更加需要。

再说销售人员后面说的部分："东方国际可是高档小区，小区里的绿化很好，并且还有底层洋房。这个小区的价格可不低。"如果是你，听了销售人员这样说，心里是不是也会觉得很有成就感呢？如果销售人员上来直接说"这款产品在做促销"，恐怕这根本达不到让客户信服的目的，甚至会让客户觉得你是虚情假意的。但是，这位销售人员是这样处理的：先赞美顾客购买的小区非常漂亮和高档，再告诉客户不能在装修上省钱，让客户感觉到住这么好的小区再谈价钱有点惭愧。然后，再告诉客户产品正在做促销，这等于是给了客户意外的惊喜。

通过这位销售人员的谈话技巧，我们经过分析不难发现，即使客户当时就能够把产品定下来，便可以给客户走这个团购价。但是，销售人员没有马上这样做，而是故意让客户有一种折扣来之不易的感觉，只有这样，才能够让客户感到非常珍惜，也只有这样才能赢得客户的信任。

我们都知道，赞美客户的目的是为了实现签约，所以我们在赞美客户的时候一定要诚恳，要知道客户对真诚的赞美是不会拒绝的。在赞美客户的时候可以采取一种技巧，那就是"年龄要年轻，价格就要提升"。在实际销售的过程中，我们会发现没有客户不喜欢被夸赞年轻，没有客户不害怕价格提升。因此，销售人员可以抓住这两个点，进行赞美，达到销售的目的。

意外的赞美带来"意外"的收获

人是一种感性动物，每个人收获什么样的情感，他就会反馈给你什么情感。你不懂得欣赏和感恩，你就会不顺利。因为谁也不愿意面对一副冷漠、缺乏热情的面孔。每个人都希望得到他人的欣赏和鼓励，收获一份喜悦。

当一位女士态度蛮横，你却大度地赞美她的鞋子很漂亮，也许下一秒她就会向你展现笑脸；当你的同事都在埋怨另一个同事总是捣乱，把事情办砸的时候，你却能赞美他行动力很强，可能从此他的行为就会改变；当你的孩子拿着考试的卷子，因为考得不好，害怕受批评，心情低落时，如果你赞美他的字写得很好，也许下次他就能给你带来惊喜。

一语让人生，一语让人死。可见，关键时刻，一句话就能改变一个人的未来。当一个人害怕得到指责，或者根本没有任何希望能得到他人的认可时，此时如果你能够不吝其辞地真诚赞美他，就会让他对你的赞美印象深刻，甚至会终生难忘。

倩倩是一家快递公司的到港客服，就是负责所有到岸快件（就是到达目的地）的破损处理。由于她们所在的办事处紧邻一个小的批发市场，有时候也有客户过来寄快递。为了方便，公司规定倩倩也要帮着客户填单子、寄快件。每天到岸的快件少则一两千，多则三四千。当然，随着快件量的增加，倩倩负责的破损快件的处理量就可能会增加。

有一次，由于天气原因，到岸的快件破损了好多。倩倩一遍一遍地向客户解释原因，却遭到许多客户的不理解，心情异常烦躁。

这时候正好有几个人过来寄快递。倩倩就没好气地跟他们说:

PART 3　沟通中赞美的艺术

"自己去那边填单子吧,我没空帮你们!"

其他人都拿了快递单悻悻地去旁边填单子去了。

其中,一位阿姨过来拿快递单子的时候惊喜地说:"你长得很像那个演员叫什么来着,对,赵丽颖,真的很可爱。"说完还不忘向其他人求证。

倩倩惊讶地看看那位阿姨,脸上露出了害羞的微笑。慢慢地,她开始指导起那些不会填写快递单的人,也帮着他们称重物品,服务变得热情了好多。

正是由于那位阿姨在倩倩服务态度很差的情况下,还能够衷心地赞美她很可爱、很漂亮,才让倩倩的态度发生了改变。

有句老话说"拿人的手短,吃人的嘴短",每个人对别人的"恩惠"都会存在一种"补偿心理"。当你在赞美他时,会让他收获喜悦、自信、力量等,因此他就想用其他美好的东西来回报你的"付出"。特别是当自己的行为与赞美是背道而驰时,对方意外地得到了你的赞美,这种补偿心理就会更加强烈。就像孩子打碎了花瓶,满以为会挨打,妈妈却一边说她好担心孩子会伤到自己,一边夸赞他身手敏捷。他内心的愧疚感就会让他更懂事,免得再让妈妈担心。

人与人相处,难免会产生矛盾,或者是误解。此时,不妨反其道而行,赞美一下对方。反而能够化解对方的怒气,达到释疑解纷的效果。

王森的老板最近出了一点儿小问题，经济上有些紧张，导致公司人员配备紧缺；而作为财务经理的王森更是左右为难。因为办公室里原来的两个有经验的财务都因为生孩子而离职了，新招来的两个又都没有经验。因此，财务上的事情大部分都压在了老员工小芳的身上。

这天，老板非常着急地要公司这个季度的财务分析，新来的职员晶晶跟小范做得慢不说，而且不了解情况，容易出错。于是王森就又去找小芳，让她来负责做这件事情。本来小芳最近就非常郁闷，听完王森的话后非常生气地说："王经理，你是不是太偏心了！我的职位是财务外勤，跟各个银行交接才是我的工作。财务数据分析本来就是晶晶跟小范的工作，怎么都让我来做！"

王森听后本想拿上司的权势跟她理论一番，但又怕伤害了同事间的感情，就故意夸张地说："她们俩哪有你能力强啊，她俩加在一起也不抵你一个。在我眼里，你是个能干大事的人，所以才来找你的！"

小芳听了经理的赞语，不觉转怒为喜，也顺利地完成了王森交代的事情。

王森本可以利用自己的职权向她施加压力，或者痛批小芳不为公司着想的行为，但是他却没有这样做。正是由于他转批评为赞扬，才能让小芳心甘情愿地去接受额外的工作。

所以，在他人没有理由能获得你的赞美，或者那是他的本职工作，他并不期望能得到你赞美的时候，给他一句赞美，可以让你的赞美发挥出无法想象的力量，更加有利于你的人际交往。

巧用大家的力量帮你赞美

有时候你会发现这样一个现象：如果只有你自己说这件事情好的时候，别人不一定相信。但如果大家都这么说的话，别人就往往会相信。

因为在每个人的心目中，总是认为"观众的眼睛是雪亮的"。也就是说，每个人都觉得大家公认的事情就是得到过事实验证的，是最公平、最客观的；而你的认为只代表了你一个人的立场，可信度不高。

同理，如果你在夸赞一位男士时说："你很有才。"他就会觉得这只是你自己主观上觉得他聪明，意义不大，但如果你夸赞他："大家都说你很有才，起初我还半信半疑，今日一见，果然名不虚传啊！"他肯定会分外地欣喜。

小丁是一个奶制品销售公司的业务员。由于天气炎热，奶制品滞销，业绩迟迟上不去。但是公司里的老业务员冯正却能一反常态，每个月都能完成公司规定的业绩。眼看自己马上就要因完不成业绩而遭到罚款，最后，小丁决定向冯正取取经。不过，在小丁去找冯正之前，冯正就告诉小丁，今天自己非常忙，只能给他几分钟的时间。

果然，小丁找到冯正的时候，正巧他正忙着跟自己的客户谈论发货的事情。小丁不敢打扰，就静静地站在一旁听着。

等了好半天，冯正终于把客户给搞定了。

没等冯正开口说话，小丁就双手握住他的手，激动地说："早就听大家说冯哥你搞定客户很有一套，今天见你谈客户，真是让我大开眼界。我瞬间就变成了你的小粉丝，感觉你就是我心目中的那个'男神'！"

听了小丁的话，冯正谦虚地说："哪里，哪里，大家都是一样的。"

"怎么会一样？你看我最近就特别背，这个月快到月底了，要是再完不成任务的话，恐怕就要挨罚了，我正发愁呢……"

听完小丁的话，冯正一拍胸口，慷慨地说："小丁你就放心吧，就冲今天咱俩这么投缘的份上，我也会帮助你的。要不然这样，晚上咱俩一起吃饭，你在饭桌上给我详细讲一下你那个客户的情况，我们一起来分析分析……"

就这样，两个人越谈越投缘，那个月在冯正的帮助下，小丁顺利达标，并且他们最后还成了好兄弟。

如果小丁上来就讲自己需要冯正的帮助，在那么忙的情况下，冯正肯定会找理由推脱。正是由于小丁会运用"大家都是这么说"来称赞他，让冯正的自尊心得到了极大的满足，愿意牺牲自己的吃饭时间来对小丁施以援手。

由此可见，关键时刻引用"大家都这么说"可以让你的赞美听起来更有可信度，更易打动对方。

因为在一般人的观念中，"第三者"所说的话大多比较公正、实在。如果你赞美的语言中强调了你的意见也是大家都公认的结果，那么他就不会怀疑你说的话是在恭维，就会更加容易相信和接受你。

舒老师是一名教外语的初中老师，新学期他们班转来了一个名叫航航的男同学。据航航的上一任老师讲，航航非常聪明，但就是不爱学习，喜欢追星，整天想着当大英雄。无论家人、老师怎样苦口婆心地劝说都没用，最后他甚至开始用沉默来抗议大家。

这天放学后，舒老师把航航独自留在了教室里。

"你别想当我的说客，我不吃这一套！"航航还是用之前对付老师的那招，表明自己态度后就陷入了沉默。

"没有啊，我只是想看看同学们口中的'小赵文卓'到底是哪里跟赵文卓本人像，毕竟赵文卓也是我心中的偶像。嗯，鼻子很像，下巴也有点儿像……"舒老师微笑着说。

听了舒老师的话，原本一直沉默的航航竟然开口道："真的吗？舒老师，你不会骗我吧？赵文卓老师可是我的偶像，我梦想有一天能成为像他那样的功夫巨星！"

"当然是真的了，我也是听了大家的说法才来一探究竟的。"舒老师回答道。

"不过赵文卓老师虽然是个大英雄，可据我所知，他还是个高才生呢。如果他当初像你这样不学习，又怎么有能力跑到好莱坞为国争光呢？"舒老师话里有话地接着说道。

听了舒老师的话，航航陷入了沉思……

在接下来的几个月里，他一改往常的表现，学习越来越刻苦，学习成绩也得到了很大的提高。

正是由于舒老师善于引用"大家都这么说"先夸赞航航，才会让航航放下警戒心，虚心听取她的意见，舒老师也才能顺利地说服航航努力学习。

总之，不管对方是男人、女人、老人还是小孩。赞美他时，引用"大家都这么说"可以让你的赞美更有说服力和可信度。特别是针对女人，因为女人对语言的想象能力一般都比较弱，只有对于一些实际的夸赞，她们才比较容易理解。如果你夸奖她"有魅力"她可能无法想象出其中的美好，反而会不以为然；但如果你说"大家都说你的气质很像刘诗诗"，她则可以立刻领悟你的赞美，并且非常乐意接受。

PART 4
沟通中批评的艺术

打人不打脸，说话不揭短

俗话说"打人不打脸，骂人不揭短"，字面意思就是：即使是跟人打架也不能打别人的脸；即使是跟人吵架也不能说人家的短处。因此，说话时揭别人的短处，其严重性就像"打别人的脸面"，令人无法忍受。

古往今来，无论一个人的出身多么高贵、地位多么显赫，他都有着忌讳别人冒犯的角落，这个角落就是他的"短处"。

"短处"就是一个人的缺陷、弱点。这些"短处"可能是生理上的缺陷，也可能是隐藏在内心深处不愿回首的往事。这些往往是他们最不想提及也不愿揭开的"伤疤"，是他们在日常交际中极力隐藏、回避的事情。

被别人击到痛处，对任何人来说都是非常痛苦的。很多人吃得了闷亏，吃得了明亏，但唯独不能忍受别人让他"没有面子"。无论是谁，只要你触及了他的伤疤，他都会想尽办法进行反击，以获取内心的平衡。

PART 4　沟通中批评的艺术

虽然每个人都有说话的自由，但你讲话之前一定要仔细思考，千万不要以为他跟你关系好，就能拿对方的缺陷开玩笑，也许下一秒你的好朋友就会成为你的"仇敌"；更不要以为你是上司就可以侮辱自己的下属，说不定哪天他就会给你"穿小鞋"，让你为自己的口无遮拦付出沉重的代价。

陈建是一个物流公司的老板，出身农民而且没上过什么学的他，竟然在自己的努力下拥有了上千号人的大公司。每个人说起他都会竖起大拇指，啧啧称赞。

一次，他儿时的玩伴从乡下来投奔他，想在他这里谋个差事，费了好多口舌，保安终于放他进去了。

一见到陈建，这位老兄不顾他周围有好多下属在场，就大声嚷嚷起来："哎呀，二狗子，你现在混得不赖呀！你还记得我吗？我是跟你一起光着屁股长大的黑娃子呀！就是以前咱俩上学的时候总是旷课出去的那个。那时候你可真是鬼机灵，干了坏事总是让我背黑锅。记得有一次，咱俩旷课出去偷别人的红薯烤了吃，结果红薯刚烤好，还没顾得上吃，主家就追过来了。你倒好，撒腿就跑。因为跑得太快，把炭火都踢到了我的腿上，你看看，现在我腿上还留着这道疤呢。你想起来了吗？还有一次……"

这位老兄的话还没有讲完，陈建就坐不住了。心想：这人太不识趣了，竟然当着下属的面讲我以前的糗事，让我的脸往哪儿搁呀！于是，就打电话让保安把他轰了出去。

故事中的黑娃子就是因为当众揭了陈建的短，让他在下属面前下不来台，才会让工作不翼而飞的。

日常生活中，当众"揭人短"不可取。不注意说话方式，却因此"好心办坏事"同样不可取。

梅梅的男朋友以她太胖为由，跟梅梅分手了。"胖"也确实是梅梅最大的一块心病。因为不管自己怎样努力，体重就是降不下来，她就是那种"喝口水都胖的人"。为此她非常自卑，从来不会主动找别人聊天。

公司里有一个跟她关系要好的同事知道了这件事情。见她这几天愁眉不展，就当众说起了安慰的话："那个人有什么好的，就他那样的，还想找个漂亮苗条的？做梦呢吧！"还没等她说完，梅梅就生气地跑开了。此时，那个同事才意识到，自己虽然没有直接说梅梅的短处，但话语里不就从侧面反映了梅梅是个"大胖妞"了吗？

就这样，本来是安慰梅梅的一句话，却无意间揭露了梅梅最大的"短处"，造成了朋友的误解。

如果一个人被当众揭短或受到批评的时候，让他感到害怕的不是责难与批评，而是批评所唤起的以往的感受和印象。这些感受和印象往往来自于他过去的经历。这时，那些被侮辱、被蔑视的场景会在他的脑海中重现，唤起之前受过的创伤。人都有趋利避害的本能，最不想回忆之前所受的创伤。

再者，当一个人被别人无意间"揭短"的时候，他们就会过分解读话语本身，不认为这只是针对其做出的客观评价，而会感觉自己说的所有话和做的所有事都遭到了否定，内心会产生极大的恐惧感。

所以，在人与人交流时，一定要在说话的语言上注意"避讳"。"瘸子面前不说腿短；胖子面前不提身肥；东施面前不言面丑。"这是每一个人都应知道的常识，也是维系人际关系的基本准则。只有懂得尊重他人，不"揭人短"，不去触碰他人的"逆鳞"，你才能获得周围人的尊重，成为大家都喜爱的人。

先拿自己开刀，然后再批评别人

批人先批己，这是很多人非常喜欢的一种批评技巧。为何如此好用呢？其实是这样的，因为在批评对方之前，我们已经先将自己置于一个很低的位置，拿自己开涮，所以此时再批评别人，别人也比较好下台，就不会那么生气，就算他想出言"报复打击"，也没有关系，反正你已经先自我批评了。所以，如果真的想恰当地批评他人又不让对方生气的话，不妨试试这个方法。

艾拉是克莉丝太太的远房亲戚。上完大学之后，艾拉离开家乡，到克莉丝太太的公司做助理工作，那时她刚刚20岁出头，对于商场上的事情一窍不通，所以在工作中经常会出现一些失误。

有一次，克莉丝太太实在忍不住了，她真的很想给艾拉一顿恶狠狠的批评，这段时间以来，她真的感到很生气、很无奈、很失望。可是自己仔细想了一下，好像不应该这么做，艾拉毕竟刚离开学校，年纪这么小，也没有什么工作经验，如果按照老员工的要求对待她，的确有点儿过于苛刻。于是克莉丝太太和颜悦色地对艾拉说："其实，你现在还小，刚接触这行肯定不能尽早顺手，出现一些错误也是情有可原的。我跟你一般大的时候，也经常犯错，比你犯的错严重好多呢，但是我相信，随着年龄的增长和阅历的增加，你的能力一定会有很大的提高。"通过这一次委婉的批评，在以后的工作中艾拉越来越努力、认真，犯的错越来越少，对克莉丝太太的帮助也越来越大。

即使对方还没改正他的错误，但只要在谈话开始时你就先承认自己的错误，这将有助于帮助对方改变其行为。这时候的批评是隐性的，我们的话语里更多的应该是真诚、友善和谦逊，以感召他人。如果运用得当，相信这一说话技巧必然有助于我们在人际关系上创造奇迹。

在批评人时，要达到既能使被批评者认识到缺点和不足，又不伤其自尊心、不至于下不来台，最好的办法是在批评中加入自责的成分，使人在感情共鸣中接受批评，这样的效果会更好。

俗话说"责人先责己"，在开口批评别人之前，先承认自己也有错误，然后再指出别人的错误，这样有利于营造一种民主的沟通氛围，在这种氛围中，对方往往能更愉悦地接受我们的批评。

一个懂得自我批评的人需要谨记以下几点：

1. 先做到自我检讨

事实上，当我们批评他人时，最先应该考虑的就是从自身找原因，先想想自己做得怎么样、自己是否有责任，是否应该完全怪罪他人。这样你也许会改变自己的想法和行为，并与他人保持一种良好的人际关系。

2. 立足他人角度看问题

大家应多站在别人的立场上，设身处地地替别人着想。在批评别人时，要考虑对方的实际情况，如能力、环境等对他的影响，以及自己在相同条件下可能达到的水平。首先应该承认自己的不足，以己之短，比彼之长，再去批评，对方就会欣然接受。

3. 做一个内心宽容的人

学会宽容，包容与自己想法不同的人和事，是为人处世的需要。世界上没有绝对的好与坏，善与恶常常交织在一起。因此，有时我们需要平和和宽容。得理不饶人和锱铢必较不仅会招致他人不满，还会给生活带来不少尴尬，实在是不值当的事。

就事论事不对人

法国启蒙思想家伏尔泰曾经说过："我虽然不同意你说的每一个字，但我誓死捍卫你说话的权利。"这句话阐述了对事不对人的智慧。批评他人时，应该把它当成一个最基本的原则。

在生活和工作中，犯错误是常有的事情，不过，在批评犯错一方时一定要坚守一项原则，那就是对事不对人。比如在工作中，领导批评下属时指名道姓，指着下属的鼻子大声责骂，却不顾及下属的人格尊严，就无法帮助下属改正错误，甚至会因为损害下属的自尊心而招致怨恨。

对人不对事是我们批评他人时最容易犯的一个毛病。只因为一个人做错了一件事，就全盘否定这个人，把一些陈芝麻烂谷子的事情全部抖出来，对这个人进行人身攻击，一定要把他批评得无地自容才肯善罢甘休。这种只顾戳人伤疤、新账旧账一起算的批评方式会给人留下深刻的印象，成为别人身上一道永远无法磨灭的伤痕，甚至能彻底毁灭一个人。

批评是一门艺术，换一种不同的批评方式也许会得到完全不同的效果。批评他人要讲究方法，对事不对人的合理批评可以帮助对方改正错误，而对人不对事的不合理批评却会引起对方的不满。对事不对人是批评的最有效方式，既不会得罪对方，又可以帮助他们改正身上的缺点。

人人都有犯错的时候，但是不能因为他人的一两次错误就把他彻底否定，觉得他一无是处，把他批评得体无完肤，甚至把他的亲朋好友都捎带上。批评他人不能针对这个人本身，而是要针对他做错的事情。

刘冰最近上班经常迟到，公司领导责问他为什么总是不按时上班，他就找各种各样的借口，有时候说路上堵车，有时候说闹钟没响，有时候说钥匙找不到打不开门。总之，他总能找到一个合理的迟到理由。

公司领导不想再看到刘冰迟到，就把他叫到办公室说："你这个人到底怎么回事？为什么总是迟到？上周因为你迟到，整个公司所有员工都进不去门，拿钥匙你也敢迟到啊！上个月有一天你迟到了，进办公室时走路大大咧咧的，说话声音最响亮。以前还有一个月你竟然迟到五天。是不是把公司当成你家开的了？动不动迟到，简直是家常便饭。你刘冰是不是比其他员工特殊啊？"公司领导的话像连珠炮弹一样一连串地说出来，唾沫星子喷了刘冰一脸。

但是，公司领导的批评效果不大，没过几天，刘冰又像往常一样动不动就迟到。同事问他为什么这样"顶风作案"，他笑着说："破罐子破摔吧！反正也没给领导留下什么好印象，你看他把我给骂的，在他眼里我简直一点用都没有。而且迟到一天和迟到十几天扣的钱都一样，既然这样，我为什么不迟到？"

由此可见，找后账式的批评方式并没有太大效果，不但没有让刘冰意识到迟到的严重后果，反而让他产生了破罐子破摔的想法。如果公司领导批评刘冰时对事不对人，就不会导致他和公司领导对着干了。

在批评他人时不能带着情绪，因为这样并不利于解决问题。发现他人犯了错误，不要带着情绪批评他，可以告诉他怎么改正自己的错误，而不是因为愤怒抨击他本人。找到问题的症结，告诉他究竟错在什么地方，为何会犯这样的错误，如何才能改掉这种错误。只有这样对事不对人的批评才是最合适的解决方式，才能让对方心悦诚服，改掉身上的错误，促进工作顺利进行。

会说话的人在批评他人时可以找出客观原因，只指出对方的错误并帮他改正，却不批评他本人。如果对方犯了原则性错误，不批评就是在纵容这种错误，而针对他本人批评就是在拉远彼此之间的关系。而对事不对人的批评方式则不会破坏双方之间的亲密关系，甚至可以因此赢得对方的信任与尊重。

巧用"化骨绵掌"委婉批评

批评他人的目的是希望他人能够把这些逆耳忠言听进去，知耻而后勇。然而，批评面对的第一道难关就是不易被接受，谁也不喜欢被否定。如果他人连批评都不接受，又或者表面上不做表态，内心却抗拒，仍会按照错误的主观观念行事，而委婉批评恰恰就是击败这一切的"化骨绵掌"。

人总会犯错误，或大或小。错误的类型也多种多样，但改正错误的捷径却是一致的，即需要别人站出来指出错误。"不识庐山真面目，只缘身在此山中"。通常情况下，自己不容易发现自己的问题，只有让别人指出来才能意识到问题的症结在哪儿。委婉批评，给对方一个台阶下，让其既不失面子，又容易接受批评，进而也能听进去、听明白，能从错误中总结问题，增加经验，得到发展与进步。人有问题需要打磨棱角，但同时也要注意动作轻柔，不要破坏到本质的东西。批评亦然，可以批评，但尽量选择委婉批评。委婉批评主要有四种方式：

1. 先扬后抑

美国前总统约翰·卡尔文·柯立芝（John Calvin Coolidge）曾提出"肥皂水效应"。何为肥皂水效应？这源于他对批评员工提出的锦囊妙计。

柯立芝身边有一位漂亮的女秘书，工作总是粗心大意，出现很多疏漏。于是，当秘书打扮精致地过来工作时，他立刻夸赞道："你今天这个装束真好看，和你简直太般配了！"秘书听后非常高兴，柯立芝接着说："你最近工作中总出现一些小失误，要是能跟你的形象一样漂亮就完美了。"秘书频频点头，之后的工作中，失误率直线下降。

后来有一位朋友问柯立芝为何要这样做，柯立芝却反问："你知道为什么理发店的理发师在给客人刮胡子的时候要先打上一层肥皂水吗？"朋友立刻明白了。刮胡子的时候先打上肥皂水是为了刮起来不会感到疼痛，而先表扬后批评就是为了不让被批评的人受到伤害，更易于接受这种批评，从而使批评更有效地实现改正错误的目的。

柯立芝的"肥皂水效应"就是告诉我们，批评他人时要掌握说话这门艺术，通过先表扬后批评的方式，以对方更易接受的方式可以很大程度上增加批评的有效性。人往往是高兴喜悦的时候防御性更低，也更容易接受别人的意见或者批评。因此，在批评前创造一个愉快的氛围很重要。表扬他人能够迅速直接地提升他人的心情值,降低抵抗值,创造一个好的沟通氛围,再进行批评教育就容易得多。

这就要求批评者必须要了解被批评的人,善于在发现问题的同时不被问题蒙住双眼,仍然能发现同一个人身上的闪光点。虽然不能完全消除批评带来的不良情绪,但在一定程度上缓解了批评的尖锐性,又没失去原有的力度。

2. 间接批评

通过第三者传递批评,比直接面对面批评的形式更易让其接受。

小王是一家律师事务所的前台,本应是最早到公司的人,但最近上班却常常迟到,多次被上司撞见。上司睁一只眼闭一只眼,而小王却意识不到自己的问题,某天直接迟到了一个多小时。上司忍无可忍,但碍于小王脸皮薄,决定不当面批评。他找来一位与小王关系非常好的同事沟通,有意无意地透露自己发现小王多次迟到且愈演愈烈的情况,并表示自己很生气,再这样继续下去后果很严重,会扣工资,甚至可能辞退。这位同事听后连忙把这些话告诉给了小王,小王认识到自己的错误,主动向上司认错,并表示自己会积极改正缺点。从此小王再也没有迟到了。

小王的上司没有直接批评,而是通过第三者间接地将自己想说的话传递出去。这让小王被点醒的同时，也能很轻易地接受批评，并主动积极改正错误。这样批评就起到了很好的效果。

通过他人的传递，让有问题的人自己认识到问题，主动改正。这种曲线沟通的方式避免了直接批评带来的不良情绪，让对方以自主的方式认识和改正错误。

3. 玩笑式批评

要先明确玩笑式批评不等同于讽刺挖苦，前者是为了创造一个愉悦的环境，使被批评者能乐于接受并积极改正；后者则是单纯对别人的攻击。两者一线之间，但起到的作用却是截然不同的。

在一家百货商店里，一位顾客驻足在一件衣服面前仔仔细细地观察比对，可却没有店员上去服务推销。经理看到这个情形很生气，仔细一看，发现店员都躲在角落里聊天。经理先为顾客挑选衣服，待顾客走后，来到员工面前："大家的兴致很高嘛，聊得这么开心。如果你们都把聊天的热情放在工作上，那百货店的营业额准能爆棚。"店员听后，都意识到聊天影响工作这个问题，回复经理说："经理，我们现在就让百货店的营业额爆棚。"

这句玩笑式的批评一下子就调动了店员的积极性，店员们再也不会在上班时间聊天，不务正业了。

这种方式能在玩笑中以不伤害彼此面子、不损害相互关系的言辞指出问题所在，对方接受快，改正速度也很快。以开玩笑的方式做到高效批评，这种玩笑式批评适合善于表达且充满幽默感的人。发现问题不要立即暴怒，要学会"苦中作乐"，善于把自己的重点融入到幽默的话语中去，让大家在欢笑的同时，也理解接受了批评，并积极改正。

4. 弦外之音

语言是一门艺术，有时可以不直接给出批评，而是循循善诱，指导对方听出你的弦外之音。

这个月小方所带领的小组没有完成任务，并且离预期目标差一大截，这与小方这个月多次因个人原因请假不无关系。小方感到很自责，想着下个月一定要努力把业绩提升上去。如若这个时候小方的上司站出来言辞激烈地批评指责小方，质问为什么没有完成任务，那么小方的积极性会受到很大的打击。因此，小方的上司没有选择这么做。

"小方，你们小组这个月忙上忙下的，一直加班加点，把公司的目标放在第一位，我很感谢你们。虽然最后没有完成规定的任务，但也功不可没。可能最近行业整体不太景气，公司定下的额度也很高，但我不相信是你们的能力不足。虽然这个月你个人请假多了点，真正工作的时间少了很多，但是你们的实力在这呢。你们都是特别有上进心的好员工，我也能看到你们一步步的成长和进步。我相信，你们一定能给公司做出更大的贡献！下个月是新的一个月，新的开始，加油！"

　　小方的上司并没有高声痛斥，也没有严厉批评，甚至说出的话基本都是肯定的。只是点出小方最近请假过多这一点，但没有揪着不放，反而表示理解和对之后工作的鼓励。对小方这样的职员来说，点出问题就足够了。上司的弦外之音让小方认识到问题的严重性；上司的理解和宽容，会让小方产生感激之情，成为他愿意改进的动力。

　　在批评时学会用弦外之音点醒对方很重要。这在要求对方理解能力的同时，也要求我们的旁敲侧击做到位。这种批评方式比较适用于自己本身理解能力达标，懂得揣摩，并且有一定改错意识的人。这样才能点到为止，达到预期的批评效果。

　　针对不同类型的人选择不同的批评方式，但都要含蓄地表达，不伤及对方的面子，让其易于接受、乐于改正。

一句赞美胜过十句指责

　　心理学家指出：因为好的行为受到奖赏的人，学习速度更快，记忆的持续力也更久；因为坏的行为而受到处罚的人，则速度和

PART 4　沟通中批评的艺术

持续力都比较差。同样，我们都害怕受人指责。因此，有的时候批评不但于事无补，反而招致怨恨。与其如此，还不如通过正向引导的方式，让人变得更加积极。

著名教育家陶行知先生善于与青年朋友相处，他从来不做高高在上的训导者，而是把青年人当成朋友，注意发掘青年人身上的闪光点，从正面加以引导。所以，青年人都信赖陶先生，愿意和他谈心。

有一天，一个学生因为对另外两位同学的恋爱不满，便跑来向陶行知告状，他说："陶先生，您应该管一管，他们太不像话了，简直是把恋爱当饭吃！"

"是吗？"陶行知好像发现新大陆似的，眼睛里闪耀着惊奇的光，"他们真的是把恋爱当饭吃吗？"

"谁还对您说假话。他们就是这样的，您应该批评批评他们。"

"批评？不，我认为应该赞扬他们。"陶行知若有所思地说。

"陶先生，请您不要说笑话，他们这样发展下去对集体的影响是很大的。"

"为什么？"

"因为他们把恋爱当饭吃，如果不管，受其影响，别的同学也会把恋爱当饭吃。"

"那很好，我完全赞同。"陶行知一本正经地说，并拍拍他的肩膀，"假如今后你谈恋爱，我希望你和他们一样。"

"您在开玩笑吗？"

"不。这绝不是笑话,把恋爱当饭吃,这是最正确的恋爱观!"陶行知的态度很严肃,并开始把他的理由全部叙述出来。

他说:"人每天吃饭不过三顿,每顿按十分钟算,加一倍,一共也不过一个小时。假如青年们真能把恋爱当饭吃,每天只花一小时谈恋爱就可有力量,这岂不是很好吗？我想应该是很好的。我担心的,并不是你们把恋爱当饭吃,恰恰相反,我就怕你们不把恋爱当饭吃,而是把它当成工作和学习,当成生活的全部啊!"

这位青年听到这番话,顿时笑了起来,说:"那我回去把您的话告诉他们吧。"

按常理来说,对那对恋人是应该给予批评教育的。但是,陶先生并没有这样做,而是从"把恋爱当饭吃"当中挖掘其积极的内容,做出正面解释——把恋爱当饭吃,那恋爱岂不是和吃饭一样可以使工作、学习拥有动力？

这实际上是在提醒青年人不要把恋爱当成生活的全部,要把恋爱看作工作和学习的动力。陶先生的话既达到了教育的目的,又容易使人接受。

每个人都知道,批评会让人心情低落,如果处理不好,很可能会让人变得消极,这样对于工作、学习和生活都是不利的。批评是为了使人改正错误,但是除此之外,我们还应该有更高层次的目标和追求,那就是让人更加积极。

一个小村庄里有两个猎人。一日，他们各自捕获了两只兔子回家。第一个猎人的妻子看见后冷冷地说："只打到了两只吗？"猎人听了，心里埋怨道："你以为很容易打到吗？"第二天，他故意两手空空回家，就是想要让妻子知道打猎其实是很不容易的。

第二个猎人所遇到的情况则恰好相反，他的妻子见他带回来两只兔子，惊喜地说："你竟打了两只？"这位猎人听了，十分得意地说："两只算什么！"第二天，他带回家四只兔子。

两个猎人都只听了妻子的一句话，做法却截然相反。第二个猎人第二天能带回家四只兔子，完全是因为他的妻子善于赞美别人。赞美之所以对人的行为能产生深刻影响，是因为它满足了人的自尊心的需要。

事实上，很多时候，我们只需要换一种表达方式，就可以让人变得更加积极。使用消极的语言去批评和打击他人，还不如采取一种赞美的方式，让人对未来产生信心，这样收到的效果无疑会更好。

其实，每个人都有相同的心理，那就是渴望被人尊重和认可。而表扬和夸奖则是最大的认可。以表扬和夸奖的话来铺垫，这会使人更愿意听你讲话，即便是批评他的话，他也更愿意了解自己被批评的原因并改正自己的错误。

欲抑先扬，让人更容易接受

王丽丽今年刚刚毕业，在一家出版社工作，她的顶头上司谭湘云是个非常严谨的人，王丽丽的马虎性格让她非常不满意。事情是这样的，王丽丽的文采还可以，完全可以胜任现在的工作，但是她有一个大毛病，做事不细心，在撰稿的过程中总是忽视标点符号，这让谭湘云很苦恼，总想找机会批评她。几天之后，机会终于来了，王丽丽穿着一件很别致的多纽扣的套装。谭湘云对她说："丽丽啊，今天的打扮好漂亮，这件衣服很适合你，很大气也很标致。尤其是你这排纽扣，点缀得恰到好处。其实啊，写文章也是如此，句子间的标点正如这扣子一般，只有你正视它，认真地对待它，你写出来的东西才会更加有条理，更为完美。"王丽丽听出了谭湘云的言外之意，从此之后，王丽丽在打字时不再马虎，非常注意标点符号。

在批评之前，给予对方亲切的言辞和称赞，对建立彼此的友好关系有很大的帮助。首先你必须让对方明白你并非恶意批评，以减少敌意。同时，通过提及对方的好，使对方明白你的批评是很客观的，从而能心甘情愿地接受意见、改进不足。

李敏是一位腼腆的女生，平时很少说话。很多老师都向李敏的新班主任韩老师反映说李敏上课时不愿意表现自己，回答问题也从不积极，韩老师决定帮助李敏改掉这个毛病。

一次语文课上，韩老师对大家说："今天，我们学习的这段文字非常优美，很适合朗读，谁愿意站起来给大家朗诵呢？"很多同学都举起了手，韩老师看到李敏的眼神闪烁了一下，但很快就低下头，便对大家说："让李敏同学来为大家朗读吧！"

李敏慢慢地站起来，用很小的声音念完了这段课文。大家听后开始叽叽喳喳地议论起来，有的甚至笑了起来，李敏很是伤心。

韩老师让李敏坐下，然后对全班同学说："李敏的声音虽然有点儿小，但她的发音很标准，一个音都没有读错，大家都要向她学习啊！"李敏没想到韩老师会表扬自己，抬起头，脸红红地看着韩老师。

韩老师微笑着继续说道："相信大家从李敏'微弱'的声音里可以体会到桂林山水是多么清幽与美妙了，不过，其他的部分要是她能读得再响亮些，会让我们更能感觉到文字的优美和作者的情感。希望李敏同学以后多多练习，进一步提高自己的朗读水平！"

韩老师的这番话，既让李敏感到舒服，又让她意识到了自己的问题。以后，韩老师经常叫李敏朗读课文，她读得越来越响亮。慢慢地，李敏也变得开朗起来，同学和老师都很喜欢她。

韩老师对李敏的表扬中有期望，批评中有鼓励，让腼腆的李敏鼓起勇气，改变了自己。由此可见，巧妙的批评不但会让别人心服口服，还能帮助别人！

所以说，在批评他人时，采用先表扬后批评的方法更为有效。因为这样可以使对方产生改正错误的信心，有助于对方树立全新的自我形象。因为对方从你那里得到的信息是，自己虽然有缺点，但不是一无是处，这样即使有错误也能较为容易地接受并很快地改正。

励人之道，一张一弛。该褒则褒，该贬则贬；褒贬结合，其妙无穷。一句真诚的赞美，会使人如沐春风，精神振奋；一语婉转的批评，可使人迷途知返，干劲倍增。赞美与批评并用时，需讲究次序，先批评后表扬，事倍功半，费力不讨好；先表扬后批评，事半功倍，四两拨千斤。

最后，应注意以下三点：

1. 表扬要真心实意

欣赏对方，发现他们无可取代的优点。认同他们、赞美他们，不是恭维他们，是发自内心地肯定他们，只有这样才能使他们获得巨大的动力，在接下来的学习、工作、生活中有更出色的发挥。

不要让对方觉得"我已经很努力了，但是还是得不到父母、领导、老师的赞赏"。

2. 批评要有理有据

你在批评对方的时候，要先想一下事情的真实性，批评的本身就是为了使对方改正错误。教育人、引导人的前提必须是对方犯错误的事实的确存在。如果没有错误，硬是去批评人，就会让对方觉得你这个人是无理取闹，是在故意刁难。

3. 提出指导性建议

在批评别人时，告诉他正确的方法，在你告诉他做错了的同时，应告诉他怎样做才是正确的，这样，会使批评产生积极的结果。重点不应该放在批评别人的错误上，而应该放在改正错误的手段和方法上，以避免以后再犯。

运用技巧让批评变得悦耳

"乔冉，你是老员工了，有些话我也不想说得太难听，你自己看看，这段时间以来你到底在干什么，这个月的业绩怎么如此差劲！你瞧瞧其他同事，这个月都干得不错，就连新来的米艾也比你强！我给你如此高的待遇，是让你干什么的，你知不知道？"乔冉还没来得及开口，老板就是一番连珠炮似的语言轰炸，还顺手把一沓厚厚的报表扔到乔冉面前。

"老板，您别急，我可以解释清楚。"乔冉想趁机把工作中的问题与老板沟通一下。

"这有什么好解释的，业绩摆在这里，数字就是最好的证明，我现在什么都不想听，你先回去吧，想想你自己到底应该怎么做。我再给你一次机会，要是下个月你的业绩还不能上来，那你的年终奖金就不发了。回去吧，我还有很多事情要处理。"老板不耐烦地摆手，示意欲言又止的乔冉出去。

乔冉眼里含着泪，委屈地离开了老板的办公室。刚才的一幕让她非常心痛，老板说的话像刺一样扎在自己的心里，顿时，乔冉感到极为委屈。由于被老板分派到新市场，客户数量不多，销售额自然不能与成熟市场相比。米艾虽说是新员工，但一进公司就被安排到原有的老市场，客户源稳定充分，客户关系网坚固牢靠，销售额自然高一些。乔冉心里觉得老板只看数字，不问事实，心里很委屈，工作情绪也不高了。

批评是一门艺术。批评与责备的语言能表达出你对某个人或某件事的否定看法。批评的话语需要运用得恰到好处，不恰当地批评，反而会收到不良的后果。

批评对方不掌握好分寸,不仅达不到"治病救人"的效果,反而会使他人产生抵触情绪,因此,批评也要说得好,而批评有道理是需要一些技巧的。

1. 注意批评的态度和情绪

批评人时要心平气和,做到诚恳、冷静、耐心,不能急躁,不能怨恨,更不能存心找麻烦。态度要温和,语言要中肯。当你心中愤怒、埋怨、焦虑,并想责怪对方时,最好是先克制一下情绪,整理一下思绪,甚至可以先听听音乐,散散步,等冷静时再实施批评。

2. 要尽量在私底下进行批评

当众批评会增加对方的心理负担。正确的做法是和对方单独交谈,让他体会到你对他的关心,进而使他愿意正视自己的问题与错误。当然,不是所有的批评都要私下进行,要视情况而定,如果有必要在公众场合对对方进行批评,以达到杀鸡儆猴的效果,但应提前给下属打预防针。

3. 批评前给颗甜枣吃

批评时的氛围很重要,在冷冰冰的气氛里很难收到良好的批评效果。如果在批评之前先表示对对方某一长处的赞赏,肯定对方的价值,满足其某种心理需要,那么就能够制造出较好的气氛,既能削弱批评本身让人难以接受的程度,又能使被批评者不致产生逆反心理。

4. 用反问代替肯定的斥责

如果常常用肯定的语气斥责他人,诸如"你不应该这样做""你不要做这件事"……极可能使对方恼羞成怒并将错就错。如果能用委婉一些的方式,比如:"你是否可以考虑这样做?""你认为这样做可以吗?"相信这样的说法更容易让人接受。

5. 给当事人提前解释的机会

无论你有什么样的事实或证据支持你的谴责,正确的工作方法应该是:给当事人一个机会陈述自己的看法。从当事人本人的角度来看,发生了什么事?为什么会发生?他对这件事是怎样理解的?如果在某些方面,你与当事人的观点差异很大,你就应该做进一步的调查。

6. 有事说事,不牵扯他人人品

有些领导干部批评下属时总是说:"从你做的这件事就能看出你这个人怎样。"这是批评之大忌。批评时只能针对事情,而不能针对个人的人格、品性,否则最容易让人失去自尊,进而产生负面的消极情绪。领导把批评指向下属具体的工作,就无损于下属的自我形象。

用幽默的批评给对方个台阶下

生活中大部分的人，除非特殊情况，不然是不会轻易去批评别人的。当然，几乎所有的人，也都不喜欢被别人批评。

但人非圣贤，孰能无过？每个人都可能会因为有意、无意的言行或者各种各样的原因说出不恰当的话，或做出错事。在日常交际中，你不可避免地会发现别人的错误或者缺点，如不及时指出，可能会导致其因不能及时克服自己的缺点而犯更大的错误，而你亦会因没有及时指出别人的错误而内疚。因此，与人交往，批评是必要的，且要及时。

不过，有句老话讲："情愿唱白脸，不愿唱黑脸。"可见，生活中最难说的话之一，就是指出他人的错误，批评他人。

如果是对自己的下属，板起脸来教训他，他心里肯定会非常不服气，觉得你"不近人情"。若是对比你地位高或者是你的上司，批评或者提意见更要注意选择一个好的方式。因为如果你采取过于隐晦的批评方式，被批评的人可能不明白你批评他的真正用意；

但若你采用过激的批评方式,可能就会导致被批评者有逆反情绪,觉得你不给他留面子,伤了他的自尊心,不仅对解决真正的问题没有帮助,反而会让彼此的关系恶化。

而聪明的人总是会运用幽默的语言来进行批评,给别人一个台阶下,从而软化自己批评的锋芒。

小杜是一家时尚杂志的主编,由于他经常跟一些女性打交道,所以特别注意批评人的分寸。

一次,一位编辑部的编辑拿着自己设计的文章的标题内容和形式去见他,问他这样写标题行不行。

小杜看了一会儿稿子,不停地用它做扇风的动作。

那位编辑好奇地问:"主编是不是屋里太热了?"

小杜回答道:"不是的,我有一个见到熟人就紧张的毛病,要不停地扇风才能缓解紧张。我从你设计的标题上看到了许多熟人的面孔,所以不得不不停地扇风。"听了小杜的话,那位编辑不好意思地退出了他的办公室,又重新设计了标题的内容和形式。

小杜正是运用了这种幽默的批评方式,既批评了编辑的设计没有新意,又给那位编辑留了面子,使其不至于由于被批评而产生不好的情绪,影响接下来的工作。

静静是一个餐厅的领班。一次,有一伙人在餐厅里吃饭,吵吵闹闹的不成体统。许多顾客都来找她反映,影响很不好。

这时候正好那桌客人过来问:"点菜量大的话,可不可以打折?"小赵微笑着说:"本餐厅规定对于那些懂礼貌的绅士,我们是可以有一定的打折优惠的。"

"那我们是不是有礼貌,算不算绅士?"那人没好气地问道。

静静一边低声地说"是",一边又连忙捂住自己的嘴。

"你为什么捂着自己的嘴呢?"听完静静的话,那人疑惑地问道。

"我怕说假话被别人听到,所以才捂住了自己的嘴巴!"

听完静静的话,那人不好意思地红着脸走开了。过了一会儿,那桌喧闹的客人慢慢地安静了下来,餐厅也恢复了安静。

静静的聪明之处就是没有直接厉声地指出他们不礼貌的行为,反而运用幽默的语言来批评他们。这样既给足了他们面子,又让他们意识到了自己的问题。

其实,生活中懂得用幽默来批评他人的聪明人处处可见。比如在公众场合,一个人踩了另一个人的脚却毫无反应,被踩的那个人就会以幽默的语言表达自己的不满,说声:"哦,对不起,我的脚硌到你了。"你幽默的回答不仅从反面提示了他的错误,更唤醒了对方,让对方减少被攻击的感觉,从而主动反省、道歉。

比如,公交车上,一个小伙子坐在"孕妇专座"上面,而孕妇却在旁边被人挤。一个会说话的年轻人就会在他面前故意大声地念:"乃妇专座。"小伙子更正说:"错了,是孕妇。"年轻人就立即笑着说:"孕妇在这儿呢!"拐弯抹角地把批评的意思间接化，能让他更容易接受。

再比如，在上火车时，人们使劲往前挤你。此时你大喊道："别再挤我啦，再挤我就成人干了！"虽然你说出了自己的委屈，表达出了强烈的不满，但大家却会被你夸张的语言给逗乐，并且意识到自己错误的行为。

幽默地批评他人，其实就是在批评他人时，让批评的语言变得戾气全无而诙谐有余。

因为幽默的语言往往会伴以夸张、反问，以及与现实有很大出入的语言。这样就会把回答中攻击性的含意虚幻化了，让对方感到这并不是一种很认真的批评，从心理上更容易接受你的批评意见。你就会把批评这个本身带有很大锋芒的语言软化了。

在日常生活中，人际关系非常复杂，随时随地都会存在许多因素刺激你，在批评他人时想出言不逊，但是这样就会给别人留下不愉快的回忆，影响你的人际关系。因此，不妨试着在愤怒发作之前用

幽默的语言来宣泄，软化你批评的锋芒。这样，你在批评他人时也能够拥有好人缘。

PART 5

沟通中拒绝的艺术

适当拒绝反而赢得尊重

对于许多人而言,面对同事、同学或亲戚朋友的要求,让他说出个"不"字,比登天还难!有时候宁愿自己吃点亏也不愿意说拒绝,只因为想要保护好跟别人的友好关系。其实,不管是工作还是生活中与他人交往,都需要你学会适当地拒绝。

蒙蒙是一个公司的文案策划,由于刚到一个公司,再加上这份工作也是她感兴趣的,所以,基本上部门里所有的关于文字部分的活她都会帮着做。

过了一段时间,蒙蒙的工作量加大了,她感觉自己有点儿力不从心。有一次,聊天群里有个同事丢给了她一项任务,要写个文字报告。因为蒙蒙一直忙着,就没有及时回复。

到了快下班的时候,那个同事过来找她要东西,蒙蒙就说今天太忙了,给忘记做了。

于是到了第二天,老板就开始找蒙蒙谈话,说有同事报告说她这几天有点儿不配合其他人的工作。

PART 5　沟通中拒绝的艺术

蒙蒙听了老板的一番话，感到非常震惊。就是由于自己不懂得拒绝别人的要求，才会导致大家但凡有个或长或短的文字任务都过来找她代办，慢慢地，她的工作开始饱和，最后超负荷了。她把自己变成了个所谓的"老好人"，同事们都觉得她做这种事情是理所当然的。

在别人的眼中，一个"老好人"偶尔拒绝别人一次就会变得"十恶不赦"；而那些平时脾气暴躁，喜欢拒绝别人的人却反而过得非常逍遥自在。

意识到这一问题的严重性，蒙蒙决定改变这一现状。她趁一次老板给大家开会的机会，提出了一个名为工作绩效考核的方案。其实就是对那些曾经自己帮助过，或者想让自己帮忙做事情的同事进行工作职责的划分，不属于自己的工作，绝对不会再揽在自己身上。

从此以后，蒙蒙工作起来不仅轻松了，而且再也没有人拿她不配合别人工作说事。同事们见到她也都客客气气的，她反而受到了大家更多的尊重。

其实，跟别人打交道，一定要学会拒绝一些事情。拒绝超负荷的工作，拒绝不公平的待遇，拒绝自己没有把握的事情，拒绝别人浪费自己的时间，拒绝损害自己利益的事情……

如果你处处因为不好意思，对他人的要求不懂得拒绝，那么别人就会变本加厉地对你提要求。你会慢慢发现，你需要操心和承担的事情越来越多。当你真的承受不了的时候,就会给自己带来更大的麻烦。

冯亮在公司里以老实著称,老板也是看他这人实在,不会耍滑头,所以就派给他一个任务:去客户那里催款。

实际上,他不善于和别人打交道,催款这种事情根本就做不来。"老板应该交给能说会道、善于交际的人去做才好。"冯亮心里头这么想,但嘴上却碍于面子没好意思说出来,并且他又害怕拒绝了老板会惹对方不高兴,最后只好硬着头皮答应了。

来到目的地,对方好酒好菜地招待冯亮。但酒桌上只是不停地劝其喝酒、东拉西扯,绝口不提还款的事。冯亮为人实诚,喝了几杯酒后就义正词严地表明必须让对方还款,在酒桌上与对方撕破了脸。对方一气之下,饭都没吃完就编了个理由,把他打发走了。

回去之后,老板非常生气,对他说:"你既然办不到,当时怎么还答应了下来?这是工作,不是你逞英雄的地方!"

正是由于冯亮在面对老板交给自己无法完成的任务时,不懂得拒绝,才会让自己陷于这样一个两难的境地。

著名作家三毛曾经说过:"不要害怕拒绝他人,如果自己的理由出于正当。当一个人开口提出要求的时候,他的心里根本预备好了两种答案。所以,给他其中任何一个答案,都是意料之中的。"

因此，作为一个成年人，即使你拒绝了，对方也不会因此就讨厌你、远离你。如果你由于正当理由的拒绝而失去朋友，那你也不必觉得可惜，因为如果他不理解你，又怎么还能算是你真正的朋友呢？所以你也不必伤心。

只有懂得拒绝，你才能获得自己应得的利益；只有懂得拒绝，你才能掌握主动权，获得他人的尊重。可以说，与人交往就应该懂得拒绝，也许拒绝得越多，你反而会与他人相处得更开心。

用替代方案来拒绝

有时候，别人求你办事，也是做了很大的思想斗争才好不容易向你张口的，如果全都拒绝，可能会失去许多帮助别人而获得友谊的机会。因此，面对别人的请求，不要轻易全部拒绝。

《红楼梦》中的王熙凤是个"厉害"人物，说她厉害是因为她是个精明能干、八面玲珑的人。抛开她性格毒辣的一面，在现代社会中来说，她就是一位洞悉人情世故的高手，她的许多处事方法都值得很多人研究。

有一回，刘姥姥来到大观园，由于家里揭不开锅了，便想靠着沾亲带故的关系,来借点银子度日。

王熙凤对于刘姥姥的来意其实是非常反感的,并不想借钱给她。但是她又怕失了自己大户人家的体面,怕别人说自己小气。因此,在府上好好款待了刘姥姥,并对她说:"大户人家也有大户人家的难处,现在日子比不上以前那么风光了。"言下之意是自己的日子也不好过。

但在刘姥姥一再说"瘦死的骆驼比马大"时,她还是将二十两银子拿给了她。其实,这二十两银子对她来说不过是九牛一毛。她既没有完全强硬地拒绝帮助刘姥姥,又没有让自己损失很多。后来,贾府落败,她的独女巧姐将要被卖到青楼的时候,刘姥姥散尽家财也要救巧姐。王熙凤正是用当时自己一颗蜜枣般大的善心,换来了刘姥姥对其天大的感恩。

这个故事说明了一个道理:拒绝别人,不要进行全面否决,能做到一部分就答应一部分,给别人一个"丢西瓜换芝麻"的替代方案,往往可以让对方对你非常感激,并且收获他人的友谊。

张杰在亲戚们之中是一个很会说话的人。说他会说话,是因为即使他拒绝了别人,也能落个好人缘。

有一次,他姨家的儿子结婚,亲戚朋友们都是能出钱的出钱,能出力的出力,纷纷去婚礼现场帮忙。

婚礼开始的前两天,他的姨夫就给他打电话说:"小杰,你表弟快要结婚了,这两天家里忙得不行。婚礼当天你能回来去新

PART 5　沟通中拒绝的艺术

娘子家接亲吧？"

张杰听后知道对方肯定不愿意听到否定的回复，但是自己出差在外，实在没办法回去。

于是他回答道："姨夫呀，不是我不愿意回去，实在是公司这两天要开会，我请不下来假。不过你放心，虽然我人不能回去，但一定会尽自己最大的努力为家里出一份力。你们接新娘子的娘家人肯定需要用车，我给我家里的朋友打电话，让他们给你们提供新车。"

他的姨夫听了张杰的回答，顿时由失望转为欣喜地说："好，好，我正愁接亲车不够呢！"

你看，虽然张杰拒绝了自己那位亲戚让他回来参加婚礼的邀请，但是却给出了另一种解决方案，既间接地拒绝了完全按照对方的方式做事，又没有惹怒对方。

毛毛跟苗苗是非常要好的大学同学，两个人毕业以后分别做了不同的工作。毛毛是一个报社的自由撰稿人，而苗苗则是一家公司的办公室文员。

虽然毛毛的工作时间比较自由，但那也是相对意义上的，因为交稿是有时间规定的。而苗苗就不同了，她的工作就是朝九晚五，下班后就是自己的私人时间，想怎么安排就怎么安排。

有一次，苗苗跟毛毛打电话说让她跟自己周六一起出去逛街吃饭。原来是苗苗新交了个男朋友，想让毛毛给自己把把关，看看男孩子怎么样。

但是，毛毛的截稿日期就是周六，那天她必须加班加点地把文章赶出来。

因此毛毛就回复苗苗："真的不好意思，周六是我最关键的一天，我必须把稿子写完，不然会违约的。要不咱们周日去行不行？总之，除了这周六，在接下来的一个星期，我随时都能陪你们出去玩。"

听了毛毛的解释，苗苗虽然感觉有点儿遗憾，但是也对她表现出了极大的理解："没关系，你写文章要紧，逛街我们可以改天再约，毕竟我男朋友又不是一两天就跑的。"

说完，两个人都在电话里咯咯地笑了起来。

其实，拒绝他人，又想减少对方内心的失落感，最好的解决方式就是在拒绝的同时给出一个替代方案。比如："我没有时间出席志愿者活动，捐助行吗？""很遗憾无法出席你的婚礼，但是我可以让我的太太过去参加。""快递公司十一假期，员工不可能都休息，但是我们可以进行调休。"……

当你用另一个解决方案去回应对方的要求，用一个较小的回报替代对方过高的需求。虽然对方心里会有一些遗憾，但也会对你表现出理解、感谢之情，毕竟从这件事情也可以看出你是个愿意尽自己最大努力去帮助朋友的人。

聪明人善用"拖延法"

有时候你会发现：人越长大就越难拉下脸来拒绝别人。因为人长大了之后懂得的事情越来越多，但是心理抗压能力却反而越来越弱。因此，不管你如何巧舌如簧，只要是从你的口中表现出"不"的意思，对方马上就会觉得脸上挂不住，或者是心里对你产生不满。

但是你会发现这样一个现象：一个男孩想要追求一位漂亮的女孩，于是就给她打电话说想晚上请她看电影。女孩觉得男孩还不错，但是又不愿意跟他发展成男女朋友关系。直接拒绝的话，又怕伤到对方，失去这个好朋友，因此就回复说："今天没时间，改天吧。"第二次男孩又给她打电话，女孩又以同样的理由来推脱；第三次亦是如此……

这样多次之后，女孩虽然没有表达出拒绝男孩的意思，男孩却明白了女孩的答复是拒绝，从此绝口不再提做男女朋友的事情。

在女人拒绝男人这方面，拖一拖、缓一缓似乎是她们最常用的做法,并且屡试不爽。但是"拖",不仅仅是女人拒绝男人的专利。

芳芳是一个刚毕业的大学生,毕业后她去参加了本市著名的服装设计公司的面试。在面试的时候,芳芳从容地回答面试者的各种提问,表现得不卑不亢,自信满怀。一切都似乎是那么完美。

在面试快要结束的时候,一位打扮时髦,甚至有点夸张的面试官问道:"你觉得时间不固定、自由度较大的工作,跟一切按部就班、朝九晚五的工作哪个更好?"

芳芳听后不假思索地回答:"有规章制度,朝九晚五的工作比较好,毕竟工作和生活要互相分开才是最好的。"

听了芳芳的回答,那位面试官说:"好吧,今天的面试就到这里,你回去等通知吧!"

四五天过去了,公司那边还是没有通知她去上班。等到第六天的时候,她忍不住给当初面试她的其中一位打电话询问了一下,得到的回复仍然是:"我们正在商议中,请等电话通知。"

一个多星期过去了,芳芳仍然没有接到公司通知她上班的电话。她忍不住给自己的学姐打了个电话,将事情的始末告诉了她。

那位学姐听了芳芳的叙述,咯咯地笑道:"傻妹妹,公司不好明确拒绝你,才一直拖的,想要你的话早就录用你了。你不要再等回复了,赶紧再找别的工作吧。"

芳芳这才恍然大悟。

其实,工作中许多人在面对他人有悖于自己意愿的要求时,

PART 5　沟通中拒绝的艺术

都喜欢用"拖"这一招来拒绝。

比如，你跟上司说最近工作量太大，想让老板给加点工资。上司如果认为你的要求不合理的话，一般会跟你说什么踏踏实实好好干，你很有前途，加工资这件事还需要再讨论一下。结果讨论来讨论去，好几个月过去了，一直没有明确的回复。

比如，你的同事想让你替他做本来应该他自己做的PPT，但是你并不愿意帮他做。因为你一旦帮他做了第一次，他就会有第二次、第三次，甚至会把你的帮助当成理所当然。这时候一个会拒绝别人的人就会说："等我忙完自己的手头工作，再看看有没有时间替你做。"当你一直没有给出明确回复的时候，别人就明白了你拒绝的意思。

生活中，"拖一拖、缓一缓"也是很多聪明人惯用的拒绝"伎俩"。

大兵子正在从厂里往家赶的路上，突然接到一个很久没有联系的朋友来电，说是哥几个好久没在一起喝酒了，今晚大家有空，想约他一起喝酒。

大兵子从心里特别抵触喝酒这件事，并且由于工作上的事情，上午刚刚陪客户喝得烂醉，现在酒劲还没下去。但是大兵子也不想直接拒绝那个打电话的哥们儿，免得面子上过不去。因此他就跟那个朋友说："老哥请客我当然愿意去了，只是我现在手头上有个要紧的事情需要处理一下，等处理完了再跟你联系，看能不能去。"

过了半个小时，那位朋友又打电话过来问，大兵子回答说："不好意思，还没处理完……"

每次那位朋友过来催，他都像之前那样"打马虎眼"。几个回合下来，那位朋友也明白了大兵子的意思，也就不再强人所难地给大兵子打电话让他出来喝酒了。

运用拖延来拒绝他人，就是运用时间来逐渐降低对方的期望值，让对方对拒绝有一个消化、理解的过程。

但是，拖延并不是对已经做出的承诺无限期地拖延，而是当别人向我们提出请求时，你感到这一请求超出了自己的能力范围，或者是违背了自己的意愿，此时你并没有对他做出明确的承诺，而是表示需要考虑考虑、研究研究。这样，如果对方够聪明马上就能了解你是不太愿意答应他的要求的。

运用拖延战术来拒绝对方后，即使过两天再打电话表示自己无能为力，也显示了你的努力，可以减少对他心理上的冲击，对方不至于会对你牢骚满腹。

因此，拒绝他人时，巧妙地运用"拖延法"，可以让你在人际关系的处理上穿梭自如。

勇敢说不,不委曲求全

与他人交往,难免会遇到别人的无礼要求,甚至有一些人,总是随意触碰别人的底线。第一次你若答应了他,他就会认为你凡事无所谓,不知不觉地得寸进尺,接着是第二次、第三次……

你在面对他人过分要求时的忍让,不仅伤害到了自己,还会对你们长远的交往不利。因此,想要获得长久的朋友,在这种事情上千万别含糊,面对他人触及底线的要求,应坚决地说"不"。

小吴是一位非常善良的新时代女性,她性格开朗,乐于助人。无论是生活中还是工作上,她给大家的印象总是无所不能、无所不通的。因此,平时大家空闲的时候也总喜欢喊上她一起逛街、吃饭、谈天说地。在大家的印象中,她是一个永远把别人的要求放在第一位的人。

有一次下班后,平时关系比较好的小雪、兰兰、轩轩三个好姐妹拉着她一起去逛街。逛着逛着时间就晚了,但由于第二天是周末,大家不用上班。于是几个活泼的女孩就又拉着她一起去

KTV包了个房间唱起了歌。一开始,她们几个玩得还比较开心,但是,慢慢地大家都觉得有些枯燥,唱歌也没有之前有激情了。

这时候,同事小雪提议道:"要不,咱们来拼啤酒好不好?今天大家不醉不归!"

其他两个同事都兴高采烈地举双手表示赞同。

但小吴听后坚决地反对:"陪你们唱歌可以,但你们知道,我可是滴酒不沾的!"

小雪听后一怔,心想平时事事百依百顺的小吴今天怎么会拒绝自己呢?一定就是故意做做样子。于是就再次调侃道:"吴姐,我们三个年龄比你小的都敢喝酒,你不会是不敢吧?而且咱们又不是喝白酒,就几瓶啤酒,坏不了你的规矩!现在,我们三个都这么高的兴致,你如果不喝的话,那多扫兴啊!"

听了小雪的话,小吴再次正色道:"不是我扫大家的兴,也不是我故意给谁难堪。平时咱们大家怎么吃、玩我都陪你们,但就一样:滴酒不沾,这是我的底线。而且现在都快晚上十二点了,我们几个女孩子如果喝得烂醉的话也太不像样子了!好女孩守则不是总告诫咱们要在十二点之前回家吗?"

小雪一听小吴这样说,心想:平时几个好姐妹无论是多么过分的要求,吴姐总是会尽量满足?为何今天到了我这里让她喝点啤酒这样的小事就卡壳了呢?这不是看不起我,并且还借机挖苦我么!

PART 5 沟通中拒绝的艺术

于是就阴阳怪气地回击道:"是,你吴姐是一个有底线的人。就我们这些见识浅薄的小姑娘没底线,不是好女孩!你大可以回家啊,不答应我的要求就是不愿意跟我敞开心胸做朋友!"

其他两个人见小雪情绪如此激动,一个人就赶紧拉着小吴催促其回家;另一个人也不停地劝慰小雪。那次聚会,两个人不欢而散。

但是,周一刚开始上班,正在复印资料的小吴却收到了小雪的主动道歉,两个人又和好如初了。

原来,小雪回到家后又仔细地回味了整件事情。她越想越后悔,觉得是自己太过冲动,太小鸡肚肠了,并且她反复思考了小吴的话,认为她是一个非常有原则,值得深交的朋友。因为,一个不轻易妥协的人,一定会将友情看得弥足珍贵,厉言相劝也只是因为珍视朋友!

小吴面对朋友的要求,坚持了自己的原则和底线,才赢得了朋友的尊重,收获了更加真挚的友谊。

小静是一个建筑公司的总经理助理,长得既漂亮又文静。她由于刚来公司没多久,所以对一些事情不了解。为了让自己能尽快地成长起来,她总是最早一个来到公司,最晚一个离开公司,对别人也总是乐于伸出援助之手。

一次,公司总经理说让她晚上和自己一起陪客户吃饭。公司的老财务荣姐偷偷将她拉到一边说:"你可小心咱们葛总了,他让你去吃饭，肯定会让你陪客户喝酒。那些客户总是喜欢对女孩子动手动脚的，公司好多女同事都吃过这个亏。"

小静听完荣姐的话，就到总经理办公室里，礼貌中带着坚定的语气对总经理说："葛总，今天晚上吃饭归吃饭，但我绝不喝酒。如果客户真的对我做得很过分的话，我就很难继续做这份工作了！"

老总见小静态度如此坚决，就笑着说："没那回事，你别多想。让你去就是给我拿着资料，到时候记得提醒我。"

果然，那次晚饭，葛总又另外叫了一位男同事陪酒，整个吃饭的过程大家也都对小静恭恭敬敬的。

听完小静的经历，大家都被小静的勇气所折服，纷纷竖起了大拇指。

正是由于小静在面对这种办公室潜规则时，开门见山，敢于直接拒绝，才既防止了自己受到伤害，又获得了同事们的尊敬。

面对拒绝，很多人的反应都是无法说出口。他害怕伤害到别人，害怕让朋友失望，损害友情，也害怕因为拒绝而断了自己的门路。因此，他情愿选择委屈自己，也要满足他人的要求。

可是，任何事情都有一个底线。当你的朋友请求你协助他做有悖于道德或法律的事情；当你的同事向你借钱，但你知道借给他根本就是"打水漂"；当你的老板对你表达暧昧；当一位员工提出要你给他额外加薪，而他做的事情本来就是他分内的事；当你的朋友总是打探你的隐私……当你面对这些触及自己底线的事情时,请坚决而直接地回答:"对不起,我不能帮忙。""不好意思,我不愿提及这些!"

巧移话题,拒绝也不难

若你不想听别人说的话,又不好直接拒绝对方,最好的办法就是堵住对方的嘴,不断转移话题,打断对方。这样的做法看起来似乎不太礼貌,其实一点问题都没有,因为是对方不礼貌在先。

有个女孩使用这种方法拒绝男孩的示爱。

男孩和女孩在一起工作,渐渐地,男孩对女孩产生了爱慕之情,女孩也发现了某些苗头。男孩想要表白自己的心意,获得爱情,于是就鼓足勇气对女孩说:"我想问问你,你是不是喜欢……"女孩似乎很紧张,她当即就把话打断:"你给我借的那本公关书,我喜欢啊,我看了两遍,很不错。"

男孩以为女孩没有理解自己的意思,又说:"嗯,你看不出来我喜欢……"没想到女孩又打断道:"我知道你也喜欢公共关系学,以后咱们一起交换学习心得吧?"男孩说:"嗯,好。你有没有……"女孩再次打断对方的话，抢答道："有哇！互相切磋，向你学习，我早就有这个想法。"

此时，男孩总算明白过来，这女孩是无意和他发展恋爱关系。于是只好放下心思，和女孩聊起公共关系学。男孩心里有些惋惜，同时也有点儿庆幸。好在他没有将心意挑明，否则两个人难免会觉得尴尬。

堵住对方的嘴，让他的话说不出口，这样可以很好地避免直接拒绝所导致的尴尬状况。采取这种策略，对方不会觉得你不礼貌，因为他心中所思考的问题，已经不是你的礼貌，而是你的态度。

从你的行动中，他可以比较明确地了解到你不愿接受的态度。机智的人看到你这样做，会很快明白过来。对于那些不能马上明白的，你无法挑明，就可以不停地打断他的讲话。这样三五次下去，他自然就会回过味儿来。

由此可见，岔开话题，实际上是一种很好的拒绝方法。

如果有一个香水推销员要说服你，你可以捕捉他话里的语句，然后自然而然地加入推销员的话题中："说到晚上就寝时的事情，玛丽莲·梦露是喷什么香水睡觉的？"推销员笑着说："那是香奈儿五号，这是一款非常有名的香水。"

接着你就开始引导式沟通，将话题从"香水"上转移开来："是的，那一定是很好的香水了。肯尼迪先生想必就是拜倒于这种香水的魅力之下吧。""啊？""你忘了？美国前总统肯尼迪和梦露不是有很深的交情吗？"这样话题一下就从"香水"转移到"肯尼迪"上了，接着继续，美国前总统福特也出场了："同样是总统，肯尼迪总统喜欢芳香，福特先生则很爱干净，你认为呢？"这样，就从关于香水的话题，在不知不觉中转移到了对政治人物的评论上了。

每一个话题的跳跃非常顺畅，不会给人以违和感，都是各自不同的联想，毫不突兀。当话题连续跳转两三次之后，结果会变成完全不同的话题。像这样，最初的话题和最后的话题相差越大，对方就越无法继续他的说服了。

当然，说服的一方，也不会那么容易被我们引导，他一定会像一只垂死挣扎的狐狸，不断地用"不过"或"话虽这么说"之类的语句，努力把话题拉回到原先的正题上去。这时你可以不加理会，继续你的话题，以分散对方的注意力，这样对方就要专心思考在何时把话题拉回去，而没有余力说服你了。

任何对话都会受时间限制，在天马行空的话题变化中，时间很快就会耗完，那么到时候你根本就不必说一句"不"，也可达到"不"的效果，最后来一句："哎呀，时间已经到了吗？真可惜，我们下次再聊吧。"随后挥手告别。

下面是转移话题时应注意的一些问题：

1. 通过话题转移，堵住对方的嘴，一定要摸准对方的心理

对方刚开口说话，你就知道他要说什么，所谓"未闻全言而尽知其意"。当然这要求很高，如果你无法做到这一点，就不要胡乱打断别人的话。

2. 要顺题立意

你应该将自己的目的设定为表明自己的观点，而不仅仅是拒绝。如果根本没听明白对方的话而乱下结论，就是不尊重对方的表现。所以你打断他人说话的时候，应尽可能顺着对方所说的话题展开自己的话。如果需要转换话题，应先对对方的观点予以肯定和赞同，再用"不过""但是"等转折词过渡，这样才能有效避免对方的误解和反感。

3. 要注意措辞方式

措辞是否恰当得体往往会直接影响你的说话效果。措辞得体，对方不但容易接受，而且有利于谈话继续下去；措辞不当，则很容易引起对方的反感，不利于交谈的顺利进行。因此，最好选择中性感情色彩的措辞，既不要对对方的谈话内容及言论发表任何评判，也不要对对方的情感做任何是与非的表达。

4. 要做到真诚和善

人与人交谈，贵在真诚和善，通过打断别人的话以达成拒绝的目的也是如此。千万不要表现得自以为是、心高气傲和哗众取宠，以免让人极度反感。

委婉拒绝不伤和气

人们都害怕受到别人的拒绝，也害怕拒绝别人。拒绝别人，就意味着你不同意对方的观念或者要求，会让提出要求的那个人产生不舒服的感觉，让你们的关系因此而产生一瞬间的疏远。

但是，生活中与别人交往，难免会遇到别人请求自己帮忙，你恰巧对这件事情并不擅长，或者是上司要求你完成一些工作，但你对完成这件事情没有"必胜"的把握，那么，此时你应该如何回答他？是义无反顾地答应？还是坚决地拒绝？

林峰是一家建筑公司的职员，可能由于他入职简历里填写的专业特长是英语，所以他的部门经理就一直向外吹捧他的英语不错，是个英语高才生。

有一次，项目部的程经理星期五要跟一个外企的高层进行项目合作方面的谈判，基于这方面的交流肯定会有一些项目的专用术语，而自己英语水平一般。听说林峰的英语不错，又是公司内部人员，对一些术语肯定比较熟悉，程经理就来找林峰，想着让林峰当自己的翻译，一起与外企客户洽谈。

程经理说完这话后，林峰非常为难。虽然说他的英语水平不错，但是也仅限于日常的交流。如果是跟外商洽谈，自己不一定能够胜任。

但如果林峰直接拒绝的话，就会让程经理很没面子。于是林峰就委婉地跟程经理说："经理，我非常愿意配合您将这次的合约谈下来。但是星期五我一个特别要好的哥们儿的儿子过满月，我已经事先答应去参加了。我不好对我的那位哥们儿言而无信，如果不是这样的话，我肯定跟您一起去！"

程经理听出了林峰话里拒绝的意思，虽然当时有一瞬间的失望，但也觉得情有可原，就马上表现出了充分的理解。最后他就向公司申请了聘请专业的翻译人员跟他一起出席谈判。

事后林峰了解到，那次谈判进行得非常激烈，即使是那位身经百战的专业翻译人员也有些力不从心，差点儿就令谈判泡汤。

林峰听后心里长舒了一口气，说道："幸亏自己当时委婉地拒绝了程经理的要求，否则搞砸了谈判，可不是卷铺盖卷走人就能解决的事情！"

PART 5 沟通中拒绝的艺术

正是林峰在自己能力不足的情况下,面对他人的请求时,正确估量自己,没有唐突地答应对方,而是运用委婉的语言进行拒绝,才既没有造成可怕的后果,又没有得罪程经理。

日常交际中能力不足,但又不懂委婉拒绝的例子非常常见。比如当上司给你安排超负荷的工作时,由于你最近家庭出现了点小问题,已经疲于奔命,于是你就一根筋似的坚决说:"我不会做这些工作的,我没时间干这个!"殊不知,你这样言辞激烈地拒绝,可能会直接葬送自己工作的机会。上司不了解你的真实情况,只是从你的拒绝中感受到了你的不服管束,不听公司安排。因此他可能就会直接回击你一句:"公司安排的事情你都没时间干,那我还聘用你做什么?你直接回家得了!"

比如你跟一位同事关系很好,由于他需要办一件私事,因此临时让你帮他做一些自己的工作。可是你自己也有许多工作要做,根本就没时间帮他。于是就神经大条地跟他说:"你自己的工作干吗要让我给你做?不做!"也许那位跟你关系好的同事就会误解你:亏我把你当成好朋友,这点儿小事都不帮我!也许以后他就会慢慢地疏远你,甚至在心里对你产生怨恨。

其实,当老板让你做一些超出自己能力范围的事情时,你一定不要"打碎了牙往肚子里咽",统统照单全收地满口答应;也不要想也不想地一口回绝,而是要找一些借口,委婉地拒绝这件事情。当你委婉地拒绝他时,如果理由充分,他一定可以理解你,不仅不会怪你,还会认为你这个人实事求是、诚恳、稳重,以后值得交给你更重要的工作。

　　对待周围的亲戚朋友也是一样,本来这件事情你就处理不了,硬扛着只能让对方产生更大的损失。你婉转地告诉你的亲戚或者朋友,这次情况自己不了解,处理不了,但下次能帮得上的话一定帮忙。相信你这样做,就算这次不能帮到他们,他们也会很感激你。

　　所以,在自己能力范围之外或者不方便帮助别人的时候,一定要使用委婉拒绝他人的说话方式。只有懂得委婉地拒绝,才会获得更多朋友的认可和尊重。

PART 6

几招缓解尴尬气氛

"废话"也有大用处

日常生活中有句堪称经典的"废话"——今天天气真好！包括国家元首在内，都会说这句经典的"废话"。每个人活在这个世界上，都知道今天天气好不好，可是，为什么非要说这句话呢？其实，说这句话的目的就是要引申出其他更多的内容。

所以后面就有了这样一番对答："嗯，今天天气真的很好！""想不想去哪里玩？""想过！本来准备去郊游。""可为什么没去呢？""没钱呀！""这个月没发工资啊？""发了，用完了！""这么快就用完啦？你都用到哪儿去了啊？""买衣服、护肤品……"

看，一句废话引出多少正经话。废话，就是没有目的的语言，因为没有目的，所以更能让人亲近，让人信任。

孟小姐刚工作没多久，便得知后勤部主管陈姐是公司里人缘最好的人。于是孟小姐就特别注意她。陈姐的外貌并不出众，然而很奇怪，每天中午在员工餐厅吃饭时，总有人端着餐盘往她身

PART 6 几招缓解尴尬气氛

边凑，无论男女都乐意跟她一起共进午餐。

孟小姐觉得很奇怪，就问同事："为什么大家都喜欢陈姐？"同事想了想说："嗯，是啊，为什么呢？我也不是很清楚，可能是因为陈姐是个'废话匣子'吧。嗨，管她呢，反正陈姐这人很好的。"

孟小姐听了就糊涂了，这是什么理由？因为废话，所以喜欢她？

孟小姐的好奇心强，为了揭开这个谜底，她也主动成了陈姐的"粉丝"。慢慢地跟陈姐熟悉了之后，她发现陈姐的"废话"还真能"服人"。

有天早上，孟小姐早到了，就在中庭的绿化带散步，远远地，就看见陈姐冲她招手："小美女，一大早就在这儿吐纳，你可真会保养！"

孟小姐客气地跟她说自己了解一点点中医，陈姐马上从中医说到韩医，又说起了中医与韩医的区别……时间就在她的"废话"中一眨眼便过去了。

孟小姐说得少听得多，但是心里的确放松了很多。听着陈姐说的那些"废话"，似乎颇有点宁神静气的效果。于是，孟小姐跟陈姐成了好朋友，而且她越来越愿意听陈姐絮絮叨叨地说个不停。

有一次，她们一起吃饭，孟小姐才知道这个性格外向的陈姐竟然是爱尔兰某国立大学的毕业生。但是陈姐笑称，在爱尔兰留学那几年，最大的收获不是学位，而是学会了做个"废话小姐"。在爱尔兰，等巴士的时候，若不跟身边的人说上几句"废话"，那是很失礼的行为；在戏院排队买票，若不跟身边一起排队的人扯上几句，也很不礼貌……

回国后，陈姐找工作非常顺利。面试的时候，别人都是正襟危坐地介绍自己的学历、能力、近期规划、远期规划之类的。她却不是这样，还没有坐下来，就开始说废话了："我觉得贵公司洗手间里的洗手液水掺多了。当然公用洗手液掺水是符合节省开支理念的做法，但是据我了解，3∶7的比例是最合适的，水的比例再高，就会造成一次挤压出来的洗手液达不到清洁效果而必须二次挤压，这样一来，反而造成浪费……"

陈姐应聘的职位是行政助理，而这一通"废话"，却让老总对她刮目相看，因此把她留下来担任后勤部执行主管。

对于废话，人们的印象似乎不太好，但是看完陈姐的故事，你的观点是否改变了呢？其实，"废话"并不是我们想象中那般无用，虽然"废话"的意思并不明确，可废话在人际交往中却不可或缺。它既可以沟通思想，拉近彼此的距离，又可以促进感情交流，摸清对方的喜好、性格特征和对自己观点的支持与认同感。所以，人们在交流过程中，其实往往是靠"废话"来联系的。

PART 6　几招缓解尴尬气氛

陈姐之所以如此受人欢迎，正是因为她"废话"连篇，说出的话没有目的性，让别人与她交流时没有利益得失，因而感觉很轻松，进而产生一种亲近感、愉悦感，跟她做好友就成了自然而然的愿望。

"废话"不仅可以让你做个受欢迎的人，还可以达到四两拨千斤的效果，所以，为人处世就要学会说一些"废话"。通常来说，受人欢迎的"废话"主要涉及三大方面：天气、美食、美景。

如果对方对吃喝玩乐不感兴趣，那就说说各自的大学、当下的时事热点问题等。有经验的人会仔细倾听，找到对方感兴趣的内容，然后再开始说"废话"。对方喜欢足球，那就聊足球；对方爱旅游，那就聊旅游；对方爱收藏，就聊古董。

说"废话"的基本思路：说完每句话之后，如果对方感兴趣就顺着他的话题说下去，如果不感兴趣就换个话题。但说废话一定要把握好度，废话说太多，显得人啰唆、轻浮，千万不要刚一转身就被人骂"嘴真贫""真无聊"。说"废话"不是侃大山，而更近于轻松自在的寒暄，给人亲切之感。

总而言之，就是要抓住人的心理，充分发挥"废话"的无用之用。

把"不"字咽回肚里

否定别人时,就算你是和颜悦色的,对对方来说也是"温柔一刀"。最和谐的交流模式,莫过于在互相尊重的前提下,以稳妥的语言各抒己见。

在交流过程中,当轮到自己表达观点时,不少人总喜欢先否定别人的观点,而后再谈自己的观点。这种沟通在不知不觉中会使交流产生障碍,即便谈话进行下去,也很难使交谈氛围融洽。

让我们假设一下,如果对方说:"昨天,我看了一部颇受争议的电影,没想到很有趣呢。"正好你也看过这部电影,但是你觉得实在没什么意思。如果你只在意自己的喜好,你的回答很可能是这样的:"噢,那部电影啊,简直太无聊了,要我说,就是一部彻头彻尾的烂片。"或者说:"是吗?我没办法接受电影所表达的那种观点。"

那么,对话到此也就差不多该结束了。其实,大可不必去攻击别人的观点,这样只会让别人感到不舒服。在你否定别人时,

PART 6　几招缓解尴尬气氛

就算你是和颜悦色的，对对方来说也是"温柔一刀"。更何况，对方的观点也未必就是错误的。正所谓"横看成岭侧成峰，远近高低各不同"，站的角度不同，对事物的见解自然也不尽相同。

沟通中难免会有对立的观点，你要做的应该是先从对方的观点中找出你认同的地方并加以肯定，然后再委婉地提出你的看法。

还是以上面那件事为例，你完全可以这样回应：

"是啊，虽然剧情没什么起伏，但主演却很有味道。"

"演技如何，我也说不好，但是我觉得画面实在是太棒了！"

那么，接下来的话题就可以这样继续展开了：

"是的，我也觉得画面效果不错。"

"太享受那种画面带来的超强的视觉冲击力了，大银幕就是不一样。"

闲聊时不要一开始就否定对方，即使对话题不感兴趣甚至是讨厌，也要把"肯定回应""表示同意"作为前提。事实上，聊一些对方喜欢的话题，对方自然会心情愉快地想再多聊些相关话题。

再比如，如果你是一位数码产品的推销员，当客户跟你说"我要再考虑考虑"时，你会如何回答呢？

如果你这样回答："这么好的产品还需要考虑吗？别犹豫了，快点用吧！"很显然，你这是在表达自己的否定意见，这样的措辞难免会给人生硬的感觉，让对方产生抵触心理。也许你原本想营造一个良好的沟通氛围，结果反而是在搞破坏。

如果你这样回答："没错，考虑的确很有必要，毕竟凡事三思而行，那么，可不可以问一下，你还需要考虑哪些问题呢？"这种谈话方式本身就是在认同对方，这无疑是推进话题、打造良好人际关系的一个重要技巧。

因此，下次闲聊时，当你发现彼此兴趣不同、喜好不同时，就先把自己的好恶放在一边吧！其实，交流完全可以是两条语言的平行线，各抒己见就可以了。不过要时刻记得用柔和的语言、恭敬的态度来待人，这样你的人际关系才会变得更和谐。

好奇心带来源源不断的话题

每个人身上都有不一样的故事，如果我们能够把探寻每个人背后的那些精彩故事作为聊天的目标，那么我们自然就会有聊不完的话题。

世界上没有任何两片雪花是一模一样的，而且每片雪花，也就出现一次。仔细想想，人不也是一样吗？世界上不可能有两个长得一模一样的人，就算再相像的双胞胎也一定有不一样的地方。

PART 6　几招缓解尴尬气氛

如果我们与人相处时，能时时充满好奇心，认为这个人是世上独一无二、无可取代的，就算没有说出口，这种意识也会自然而然流露在你的言行举止中，让对方感受得到。

充满好奇的人往往都是"沟通达人"。越是好奇，我们能够谈论的话题就越多。这并不是要我们对各个话题都精通，我们没有必要成为各个领域的专家，但是，每个领域略知一二，你就可以成为一个有趣的人。

有一次，爱莉和高中同学聊起了心理学，因为喜欢，并且学习了好些年，所以爱莉说起这个话题时可以说是激情澎湃。

等到换她的同学介绍金融业务时，爱莉又立马好奇地追问他各种知识。这时，一直在旁边观察的另一个同学突然笑了，说："刚才你还是一副自信博学的样子，转眼竟然像个无知的小孩。"

爱莉倒是很坦诚："是啊，在金融方面，我真是一窍不通。因为不知道，所以才很好奇呀！"

那位同学看爱莉好奇的样子，也热情地跟她讲了许多。那天的见面，双方都觉得收获很大，也都有一股从内心深处冒出来的满足感。

还有一次，爱莉从外地旅游回来，兴致勃勃地跟一位好友聊起她的所见所闻："你知道那里有多美吗？"

这位好友因为几个月前刚刚去过，忙不迭地点头说："知道！知道！"然后自顾自地说了一大通。讲完才看到爱莉的表情从之前的兴致勃勃变得悻悻不悦，后来才惊觉原来爱莉是很想跟她分享旅途见闻，却被她的一句"早已知道"生生地泼了一大盆冷水。

对比这两次交谈，不难联想到我们平时和别人聊天时的状态，那么，为什么我们承认自己不知道会很难呢？蔡康永在他的书里曾这样写道："每个人在聊天的时候都想聊自己，这是人类的天性。"看来，每个人拼命地表现"我能""我知道""我可以"，其实是为了突显自己。

不过为了能更好地聊天，不妨收敛一点，让别人的天性多释放一些，给人家机会聊聊自己。这就好比打开了沟通的闸门，聊天越聊越有趣，对方也会感觉自己受重视，对你这个人的印象会更加深刻。

或许你会说，只表现自己的好奇，对别人的行为或是话语没有一丝的评判，这又怎么做得到呢？其实，当你承认自己的无知，自然就会把注意力集中在我们渴望的知识或者答案上。那时，你的眼睛会渴望地看着对方，身体会不由自主地倾向对方，就好像在他那里我们可以得到宝藏一样。

和一个人聊天，如果你总能对对方保持这样一份好奇心，你自然会变得妙语连珠，话题源源不断。这样不仅对方收获了他想要的，你也在这种沟通中得到了被认同感，双方都会希望有更多的接触。

这就是交谈成功的秘诀：假设所有和你交谈的人都知道一些

PART 6　几招缓解尴尬气氛

你不知道且很有趣的事情。弄清楚这些内容，并以此为目标。无须提前在脑海中列出一堆的话题，其实对方才是你挖掘话题的源泉。如果你是真的充满好奇，想要弄清楚他们的兴趣所在，那和对方交谈就容易多了。

事实上，很多时候，专注地听别人讲话，对别人感兴趣的话题表示好奇和关注，学会说"不知道"是很有必要的。知道就是知道，但并不过分强调；不知道就是不知道，也不过分掩饰。当一个人承认自己的无知，才能获得更多的智慧。这样的沟通才是质量最好的沟通。

没话找话，让冷场"热起来"

会说话、懂说话，不做冷场王，不是要你圆滑世故、见风使舵，而是让你以一种诚恳、设身处地、换位思考的方式待人。会说话是一种能力，而且是一种重要的能力。然而，很多人有可能永远也无法变得能言善辩，反而是一出场便自带"冰冻"装置，与人交谈不到三秒便"冷"到不可收拾。

很多人都不知道要跟人交谈时该如何开口，尤其是当谈话的对象是陌生人，或是不怎么熟悉的人，或是沉默寡言的人时，谈话就很容易陷入冷场，气氛也可能变僵。

例如，当你想去要求某人办事时，如果一下子就单刀直入地说："请问××在吗？我要他帮我去做件事。"这样不但会显得硬邦邦，而且可能会使对方产生心理上的距离，对方就不一定会如你所愿，帮你办事。

最好的方法是在聊聊天气、当天的新闻、个人兴趣爱好之类的话题之后再切入主题。这一点可以向一些主持人学习，他们在任何场合都能想办法使气氛活跃起来。

例如，在参加宴会时，几个不认识的人坐在一起，气氛难免会有点尴尬，如果有人能主动打开话匣子，不仅能让气氛活跃，还能让宴会有趣许多，而且，能拉近彼此之间的距离，说不定还能谈成一笔生意。有很多推销员就是利用这种宴会结交朋友和促成交易的。

用来打开交谈之门的话题可以说是数不胜数。天气永远是打开交谈之门不可或缺和绝对安全的话题，尤其是在你对交谈对象毫不了解的情况下，如"这段时间为什么老是下雨""天气总这样热，真让人受不了"等。

小孩和动物也是很好的素材，因为绝大多数人都是喜欢小孩和动物的。一旦你得知你面前的这个人有小孩或者养了宠物，你便可以用小孩或宠物的话题跟他极为轻松愉快地交谈起来。此外，

PART 6　几招缓解尴尬气氛

中国人的"传统话题"也可以派上用场，比如："您的老家在哪里？""您贵姓？"这类问话基本上不会让人觉得失礼。

当然，最好的打开话题的方法还是谈论对方熟悉的东西，因此需要事先了解对方的职业、地位、人品，并在某种程度上做一下调查，如此，即使是初次见面，也能够配合对方的话题发挥。

如果你有机会到某人的家中或办公室，室内的一些陈设可能会使主人津津乐道。很多人会在桌子上摆放照片，照片上显示的背景便为我们提供了打开话匣子的素材，我们可以询问主人外出旅行的经历。对于墙上的挂画，我们可以向主人表示对这些画的兴趣。

和对方聊一些私事，是和陌生人拉近距离的一个很好的方法。因为每个人在告诉别人关于自己的事时，就等于在向对方敞开心扉。例如："我喜欢去钓鱼，您有什么爱好呢？"

像这样率先向对方"表白"自己的情况，对方也会乐于谈谈自己的情况。如果对自己的事一概不谈，只一味地刺探对方，"你家住哪里？假日都做些什么？有几个小孩？"这会让人感觉像在被警察审讯一样，进而对你产生排斥心理，自然懒得和你说话，当然也就无法继续谈话。

如果谈话双方拥有共同的兴趣，话题就可以在这种兴趣上展开。例如，如果知道对方对钓鱼也有兴趣，则不妨向对方请教："你经常去哪里钓鱼？""哪种鱼饵是最有效的？"

人们在谈到自己的经验时，一定会满面春风。因此，对于这类问题，对方一般会很乐意告诉你，你也可以趁机与对方"套近乎"，拉近彼此之间的距离，为接下来的说服工作做铺垫。

不可否认，在生活和工作中，我们都喜欢那种能在任何场合谈笑风生、不冷场的人，这并不是歧视不懂说话之道的人，而是一种极为正常的现象。要想不变成一个不受人欢迎的"冷场王"，那就要记住：多增加知识，多去理解别人，多丰盈自己的内心，如果真的感觉自己在表达上有不足之处，那就多微笑、少说话，这也是一种有修养的表现。

另外，在选择话题时还要注意以下两点：

1. 话题内容要有可信度

如果将电视、报纸上的情报"挪为私用"，应该正确地记住日期、场所、名称、数量、前后关系等要素，以便增加内容的可靠性。如果是道听途说的内容，一定要亲自翻阅当时的报纸来验证，绝对不可口说无凭。

2. 话题内容要有益

听众最有兴趣的就是"对自己有用的情报"。凡是有关新技术、新技法、新产品的说明，与赚钱有关的内容，特别的经验、技术指导、人生警示之类的话题都属于这类"有益的情报"。

在谈话过程中，遇到冷场的情况，若不能主动寻找话题，则很容易造成尴尬的场面。特别是不太熟悉的男女待在一起时,若没有人主动攀谈,寻找话题,冷场的概率会非常大。聪明的谈话者,会率先抛出话题,打破僵局,化解尴尬。事实上,主动地没话找话说,会使人感受到你的热情。而且,在某种程度上,没话找话说,更是一种有礼貌的表现。毕竟,冷落他人是很失礼的行为。

巧妙转移视线的"流星战术"

现场的气氛变得紧张,容易导致争执和僵局的出现,这不利于交流。当你发现气氛趋于紧张的时候,就要注意了。若能采取一些恰当的手段,便能够缓和气氛,打破僵局,推动交谈继续进行下去。

有一种"流星战术",自古以来一直为人们所运用,可以达到缓和气氛、打破僵局的目的。何谓"流星战术"?其实就是转换话题、转移视线,以缓和气氛、化解尴尬。为什么叫作"流星战术"呢?这是因为人们在转移别人的注意力时,经常会突然手指天空,高声大叫:"啊!你看,那是流星呀!"

这么一说,你应该就明白了,事实上,你也许会经常使用这一招。尤其是在遇到不太妙的状况时，通过话题的转换，引导他人转移视线，从而化解尴尬。

有位母亲带着三岁的孩子去逛百货商场，忽然，孩子叫嚷了起来。原来孩子看中了一辆玩具车，非要母亲买下来不可。母亲正被纠缠得无可奈何，忽然灵机一动，说道："嘿！你看那是什么东西，是不是大力士呀？"孩子立刻停止哭闹，朝着母亲所指的方向看去，然后就让母亲乖乖地抱走了。

如果你的孩子哭得无法遏制，你又怕哭声干扰别人，就可以适当运用这种战术，很快就可以将孩子的哭声止住。

当然，这种"流星战术"的对象并不仅仅限于小孩，在一些紧要关头采取这种做法往往也会奏效。

比如，某公司的经理在解决劳资纠纷时，对方来势汹汹地要经理当场拍板，经理却不做正面回答，反而从容镇定地说："嘿，你的声音不错嘛！很适合当歌星。"这样一来，紧张的气氛一扫而光，同时也削弱了发言者的气焰，这就是"流星战术"的效果。

前段时间，张老师所在学校的教导主任退休了。张老师是最有希望接任教导主任这一职务的，要知道张老师已经连续五年当选为校级模范教师。

可是，一个多月过去了，没有任何任命迹象。张老师找到校长，暗示了几回，校长仍然没有任何表示。张老师和妻子决定请校长吃饭，顺便探听虚实。

PART 6 几招缓解尴尬气氛

席间，校长顾左右而言他，就是不提选拔教导主任的事情。张老师有些急了，对校长说："校长，李主任退休那么久了，教导处那边总该有个人担着，校长您一人担两职，实在辛苦，这不是长久之计啊！"

校长笑了一笑，说："这个事情啊，校领导一直在开会讨论，可咱们学校实在是人才济济，还得从长计议啊！"

"可是，按照资格来说……再说，这选谁还不是校长您说了算嘛！"张老师有些不满校长的话，直接用话挤兑校长。

结果校长一听这话，立马变了脸色，正要开口斥责张老师。

这个时候，张老师的妻子看出气氛不对，当即说道："哎哟，真是的，你们男人怎么吃饭也离不开公事啊！今天咱们就是吃饭，不谈公事啊！赶紧吃菜，老张，快给校长满上。"

张老师明白妻子的暗示，立刻给校长斟酒。接下来，张老师和校长谈论了学校里的一些事情，中间不免有气氛紧张的时候，好在张老师的妻子每次都能在关键时以敬酒为名，避免俩人起争执。

最后，校长表示这顿饭吃得很愉快，并感谢张老师夫妇的款待。

张老师的妻子无疑是一个有智慧的人，她能够敏锐地察觉现场气氛的变化，同时能够适时地采取"流星战术"转换话题，缓和紧张气氛，为双方的沟通创造更加良好的氛围。

在交际场合中，如果某个较为严肃、敏感的问题弄得交谈双方剑拔弩张，甚至阻碍交谈顺利进行，我们也可以使用"流星战术"，暂时回避一下，以达到避开尴尬的目的。

一天，小金正在伏案写报告的时候，同事"洪大炮"却在对面唾沫横飞地说长道短："哎，我说小金啊，你知道吗？咱们部门那个新主任的人选已经定了，就是刚来的那个MBA。嘿，你说说，他凭什么呀？小金，你一个本科生加上四年的工作经验还不敌他一个刚毕业的MBA？这都是什么世道啊？我都替你不值啊！"

然而小金没有表现出丝毫惊讶或激动，连头也没有抬一下，只是漫不经心地说道："是吗？那我得先谢谢你了，给我提了个醒，老洪，你是一个仗义的人。哎，看来我还得继续努力工作呀，让人家后来者居上，我的老脸该往哪儿搁呀？你说是不是？"

说到这里，小金突然问："啊，对了，老洪，昨天我要的那份资料你弄得怎么样了？"

"洪大炮"明显愣了愣，然后才说道："哦，你等一下，我马上给你找去。"说着，转身出门去了。

在上面这个例子中，小金通过转移话题的方式，轻易便避过了敏感问题的讨论。在现实生活中，我们难免会遇到像"洪大炮"这样的人，他们专门以传播小道消息来拉拢人。和这种人打交道，若你直接堵对方的嘴，对方可能会觉得不高兴，甚至会觉得你瞧不起他。得罪了这样的人，难免就会遇到一些麻烦。

这样的人要是抓到你的小辫子，制造一点不利于你的流言，即便没有大碍，也难免会影响心情。怎么办呢？你可以对他所说的内容假装糊涂，充耳不闻，但表面上做出对他个人很买账的姿态，哄他开心，再把话题岔开就可以了。

我们与人交谈，不慎说到尴尬话题，也会经常使用换话题这一招，比如，"哦，今天我们不谈公事""不说这个了"，这种岔开话题的方式其实不太好，因为不够自然，是一种生硬的拒绝方式。如果你打算岔开话题，最好不要使用提醒式的话，否则会让人感觉不太好。尝试使用"流星战术"，可以很好地回避尴尬问题。

涉及隐私的问题巧妙回避

对于那些总是喜欢打探别人隐私的人，你可以这样回答他："对不起，无可奉告。"对于那些总是喜欢主动暴露自己隐私的人，你可以这样回答他："我并不感兴趣。"

生活中总有一些人特别喜欢打探别人的隐私，打听别人的家底。想必很多人都被别人打探过隐私，例如："你一个月赚多少钱？""你还是单身吗？""你为什么离婚？""你买保险了吗？""你的父母是做什么的？""你这个伤疤是怎么来的？""好久都没看见你的太太了，你们俩发生什么事了吗？"

每个人都有隐私，没有人愿意将自己的隐私在众人面前曝光。所以，对于那些喜欢打探别人隐私的人，你大可这样回答："对不起，无可奉告。"对于那些主动暴露自己隐私的人，你若不喜欢的话，也可以回答一句："我并不感兴趣。"

热衷于打探他人隐私的人总是令人讨厌的。这种随意探问他人隐私的人不仅会因为他的浅薄俗气、缺乏涵养而不受欢迎，还极有可能因此惹祸上身。但是，在特殊情况下，如果迫于形势，不得不提及自己的隐私，但是又想回避这个问题，你不妨按照以下的方法做。

1. 直接把话题还给对方

当别人有意要探问你的隐私时，你可以反问对方：

"你问这个做什么？"

"你为什么这么问？"

"你为什么想知道？"

"你需要知道这个吗？"

如果对方说"没什么，只是因为好奇"，你可以这样回答："真的？"然后就直接换个话题。很多时候，礼貌是知道何时该假装什么事情都没有发生过。

2. 面对对方的追问，直接转移话题

当对方问到你一个月赚多少钱时，你可以说："既然你提到薪水了，我也很想知道，你说我们的个人所得税是不是又调整了呀？"

当对方对你"消失"了很久的太太很感兴趣时，你不妨直接说点别的："我太太？这倒让我想起来，我终于见到我们CEO的太太了。"

3. 直接正面拒绝回答

比如，你可以这样回答：

"你怎么会问我这个？"

"你问的这个问题真的很难回答。"

"噢，很抱歉，我从不谈这个。"

"现在我不太想聊这个话题。"

"我答应别人绝不说出来。"

"这个问题我也不清楚。"

4. 假装没听到，然后敷衍过去

你可以随便说点别的什么事，或者讲些空洞的话，把对方的追问敷衍过去。例如：

"我觉得你不知道如何把马铃薯里的虫子挑出来。"

"嘿！我中了十元足球彩票。"

"你知道那部电影已经上映了吗？"

"明天××广场有消夏活动，听说有很多演艺界人士前来助阵呢。"

既然大家都不喜欢别人探寻自己的隐私，那么，我们在与别人交谈时，也应避免探问对方的隐私，这本身就是人际交往成功的第一步。因此，在你打算向对方提出某个问题的时候，最好想清楚这个问题是否会涉及对方的个人隐私。如果涉及，就要尽可能地回避，这样对方不仅会乐于接受你，还会因为与你轻松的交谈而对你产生好印象。

从容冷静地摆脱争论的旋涡

生活中，我们到处都可以见到争论的场面，奇妙的是，当事人几乎很少能达成一致观点，常常是你说你的道理，我讲我的逻辑，争得不可开交。如果你碰巧赶上，又与当事人相识，劝他们化解矛盾自然理所应当。但是你的言辞一定要慎之又慎，因为若

PART 6 几招缓解尴尬气氛

是"救火"不当，反倒会火上浇油。作为旁观者，你的建议对整件事的发展起着至关重要的作用。所以，请理智地对当事人负责。

也许你会说争端不是由你引起的，你并不是那种大声讲话或惊惶失态的人，但是既然问题来了，总要有人坚守自己的立场。无论争执是怎么开始的，也无论双方因为什么而争吵，总之，在公共场合争吵，对彼此的声誉都会造成不良影响。

中国有句古话："观棋不语真君子。"讲的是，在观看一盘棋局时，不能指手画脚，扰乱别人的思绪。不只下棋有这样的规矩，其他很多事情也是如此。

特别是在朝九晚五的职场，办公室的同事之间难免会有一些争执，此时，最直接表达你立场的方式就是起身告辞，离开这群人。当然，如果你愿意，也可以说点什么，效果或许会更佳，而且你自己也会好过一些。但若是有一天你实在无法摆脱，使你陷入这样的旋涡，这时候想从容应付一定很难。试想一下，如果有天你也与别人争执不下，想必你当然希望有个人能跳出来阻止。

假如在一场争执中，当事人需要你这个旁观者给出客观的建议，你应该清楚，作为旁观者，你能做的事、可以说的话都是有限的。如果你足够理性，意识到自己正陷于一场争论之中，那么就应该赶快抽身。毕竟你无法改变一个人的想法，而且参与事情的人不是你。所以，想要善意提醒，就请充分尊重当事人思考的权利。

一对恋人吵架了,但是他们仍然深爱着对方。冷战第三天,两个人都撑不住了,都想去找对方认错,但是两个人的好友都劝他们不要去,并给出了同样的解释:如果对方爱你,再等等他就会来找你了。

于是,这对恋人就真的等了起来,尽管内心强烈期盼着对方来找自己。很多年过去了,这样的场景一次次重复,直到他们老去,曾经相爱的两个人还是错过了。

在别人的感情问题面前,我们都不是当事人,不用承担事情的后果,但是作为旁观者,你的建议对整件事的发展起着至关重要的作用。所以,请理智地对当事人负责。

但是,在你决定退出争执之前,仍然要给足对方面子,你这么做的时候,当事人也会觉得好过一些,因此,你可以这么说:

"也许我们可以找个时间再继续讨论。"

"在这件事上,我们已经谈了很多,现在让我帮你们倒杯咖啡,好吗?"

"稍后我们再继续吧,我要先去吃点儿东西。"

"我们已经梳理了一些事,这很好,但是很抱歉,现在我得走开一下。"

当你这么说的时候,或许会发现并没有打消当事人争个输赢的念头,可能这些人天生就喜欢争辩。既然对方这么喜欢抬杠,那就不要干涉别人的事情了。

PART 7
不同场合沟通有术

搭讪客户的技巧

专家们在研究销售心理时发现,在洽谈中,客户在对刚开始交流的 30 秒钟所获得的信息,一般比以后 10 分钟里所获得的信息印象要深刻得多。可以说搭讪的好坏,几乎可以决定销售的成败。所以销售人员在与客户交谈时需要运用有效的搭讪方法,才能引起客户与我们谈话的兴趣。

销售人员苏晓伦按照约定时间来到客户的办公室,见到客户他面带微笑地说:"王总,您好!感谢您百忙之中,能够抽出时间见我,让我可以有机会与您进行面谈,这真是我的荣幸!"

"王总,通过看您这办公室的装修,就能够知道您是一个很有品位的人,可以想象得到您肯定也是一个非常干练的人!"

说完之后,苏晓伦递上了自己的名片,然后继续问道:"王总您以前了解过我们公司吗?"

王总摇摇头。

苏晓伦说道:"那我向您介绍一下我们公司,我们公司可是

PART 7 不同场合沟通有术

说是目前国内最大的为客户提供个性化办公方案服务的公司。我们了解到，现在的企业不但关注如何提升市场占有率和利润空间，而且还关注怎样节省管理成本。考虑到您是企业的负责人，相信您对怎样才能最合理地配置您的办公设备、节省成本也一定很关注。所以今天来这儿是想和您简单地交流一下，看看是否有什么是我们公司能协助的。"

"请问，目前贵公司正在使用哪个品牌的办公设备呢？"

只见王总面带微笑，详细地和苏晓伦交谈了起来。

开场白要达到的目的就是吸引客户的注意力，引起对方的兴趣，使其愿意和我们继续交谈下去。案例中的小王就是通过很好的开场白吸引了客户，从而达成交易的第一步。

那么，作为销售人员，通过短短的几句话就能够吸引客户的注意力呢？销售人员可以从下面几种常用的技巧：

1. 激发客户的好奇心

心理学研究发现，好奇心是人类行为的基本动机之一。销售人员可以借助好奇心来激发客户的购买欲望，以此来吸引客户的注意。比如，先制造神秘的气氛，从而引起客户的好奇心，然后在解答疑问时，再有技巧地把自己的产品介绍给客户。

有一个很老的例子，有一名销售人员对客户说："李总，您知道世界上什么东西最懒吗？"客户听了之后感到很好奇，销售人员停顿一下继续说:"就是您藏起来舍不得用的钱,您本来是可以用它们来购买我们的空调,让自己度过一个清凉的夏天的。"

当然,我们也可以不直接说自己的产品,而是单纯地与客户聊一些客户比较感兴趣的话题。

2. 借助问卷调查

这种方法现在已经很普遍,就是利用调查的机会来搭讪客户,从而隐藏销售这一目的,这是在实际工作中很容易操作的方法。例如,我们可以说:"小姐您好!可以打扰您几分钟吗?我是××公司的美容顾问,我想请您帮忙做个问卷调查,回答问卷上的几个问题。"

"(1)您在春天时感到皮肤干燥发涩吗?"

"(2)您是否觉得自己经常会很累呢?"

"(3)如果您觉得自己皮肤不太好,您愿意抽出一到一个半小时来学习一下吗?"

如果客户愿意的话,我们就可以说:"非常感谢您的配合。为了表示对您的感谢,我可以赠送您一堂免费的美容课,课上我会教您怎样保养皮肤,改善现在的肤质。您看,这个星期什么时候比较方便?"

如果客户不愿意,我们则可以这样说:"非常感谢您的配合。

为了表示对您的感谢，以后我会定期寄一些有关皮肤保养和产品介绍的小册子给您，您是否愿意留下联系方式和收件地址呢？"

3. 给客户提供有价值的信息

对于客户来说，有价值的信息是比较有吸引力的。所以，如果我们能向客户提供一些对他们有帮助的信息，如市场行情、新技术、新产品知识等，就会引起他们的注意。比如，可以对客户说："我在某某刊物上看到一项新的技术发明，觉得对贵厂很有用。"

要做到这一点，就需要销售人员能够站在客户的立场上，全心全意为客户着想，掌握市场动态，充实自己的知识储备，将自己训练成为所从事行业的专家。要知道只有我们提供给客户的信息有价值，他们才会愿意听我们进行介绍，才能够耐心的与我们进行交流。此外，这样做还能表现出我们对客户利益的关心和关注，获得客户的尊敬和好感。

4. 利益引导

客户通常只会关心自己的利益。通俗地说，就是几乎所有的人都对钱感兴趣，要知道，省钱和赚钱的方法往往很容易引起客户的兴趣，所以我们可以一开始就将自己能带给客户的利益说出来。比如，我们可以说："张经理，我可以告诉您一个能让您公司节省一半电费的好方法。""王总，我们生产的机器要比您目前使用的机器速度快一些、耗电量还少，还能大大降低生产成本。"

5. 借助引荐

通常情况下，人们都有"不看僧面看佛面"的心理，所以，大多数客户对于亲友介绍过来的销售人员都是比较容易接受的。比如，我们可以说："张先生，您的好友沈总让我来拜访了您，他觉得您可能会对我们的产品感兴趣。因为这些产品为他的公司带来很多好处。"需要注意的是，在使用这个方法时，千万不要自己瞎编，而应确有其人其事。否则，客户一旦发现真相，不但不会对你产生信任，还会给你带来麻烦。

以上都是一些常用的搭讪客户的方法，值得每一位销售人员学习和思考，更重要的是运用到实际工作中。俗话说："好的开始等于成功的一半。"与客户搭讪的第一句话很可能决定了我们是否能够得到客户的喜欢与信任，所以一定要说好。只有说好开场白，才能成功引起客户与我们谈话的兴趣，从而保证销售工作能顺利进行下去。

会议上的说话技巧

一些人觉得开会是一件很简单的事情，不过是大家坐下来一起聊聊天，根本无须准备，也不需要有太多讲究。实际上，这是一种误解。无论召开哪种类型的会议，想要会议顺利进行，让与会人员都参与进来，达到预期效果，都不是一件简单的事情。

在主持日常会议时，要紧扣主题，善于用得体、生动、亲切、煽情的语言来活跃会议气氛，使与会者认识到会议的内容与自己的工作有着紧密的联系，抓住与会者的兴奋点，吸引其注意力，提高其参与意识，充分调动与会者的积极性，这样才能把会议引向成功。

如果把会议比喻成一列火车，那组织开会者就是驾驶这列火车的人。要想开好火车，就要掌握一定的技巧。同样道理，想要会议取得成功，就要把握几项说话原则：

1. 开场白要言简意赅

在日常工作中，经常要参加各种会议，比如工作会议、总结会议、专题会议、培训会议、董事会、联欢（谊）会、年会、动员会、座谈会、表彰会等。为了保证会议顺利进行并取得圆满成功，主持会议的人都会讲一段精彩的开场白。

一般来说，会议的开场白是一段简洁、审慎、有明确宗旨的讲话，大约有3~5分钟的时间，内容包括会议的主题、目的、意义、议程和开法。

事实证明，任何一次成功的会议，都离不开主持人精彩动人的开场白。因为好的开场白不但有利于吸引与会者的注意力，增强他们对此次会议的兴趣，而且还能起到画龙点睛的作用，引发与会者积极的讨论，可以说是会议成功的基石。因此，在主持会议时，我们一定要记住，开场白要紧扣主题、言简意赅。

2. 议题明确才能把话说到位

身为会议主持人，在整场会议中起着贯穿首位以及统领全局的作用。这就要求我们充分了解会议的内容和流程，这样才能做到心中有数、游刃有余。在会议一开始，主持者就应该首先交代清楚会议的主题、时长、要求等。在会议开始时，最忌讳长篇大论，而应尽量用简短的语言来准确、巧妙地破题，这样才能迅速激发与会者讲话的愿望，避免陷入僵局。因此，主持者要注意讲话的效率，更要注意说话的态度和方式。

3. 发言要保证能让他人听清、听懂

会议就是要把会议内容传达给每一位与会者，这就要求主持者吐字清晰、表达流畅，还要善于运用语音语调的变化来突出表达内容、渲染会议气氛，让每一位与会者都能清楚明了，并且产生情感上的共鸣。

讲话时应该争取让参加会议的人听清楚每一句话，甚至每一个字。这是成功召开会议的基本保障。开会时的发言要声音洪亮，发音准确，富有节奏感。要达到一种境界，凭声音展现出自信和实力。假如说话时软绵无力，语气、语调平淡无奇，就会给人一种缺乏激情的感觉。

4. 要善于调动与会者的情绪

主持会议者都希望吸引、调动与会者的积极性，使他们真正领会会议精神。所以，我们要针对不同的会议，用积极的语言把与会者的情绪调动起来，刺激他们的兴奋点，吸引他们的注意力。而要达到这一目的，就需要我们在主持会议过程中充分发挥口才艺术。

会议有不同的类型，也有不同的要求。要"因会制宜"、区别对待，赋予语言不同的感情色彩。譬如在庄严的会议上，语言要注意严肃性、规范性；在欢庆会上，语言要热烈喜庆；在工作部署会上，语言要清晰、准确、明快；在动员、誓师会上，语言

要富有鼓动性，以提高人们的决心与信心、干劲和勇气。

5. 善于倾听，恰当评论与会者的发言

在听取与会者发言时，主持会议的人要做忠实的听众，不要随便插话发表评论性意见。若要评论，应放在会议末尾。对于会议发言的评论，主持者一定要冷静，措辞要有分寸，表达要恰当。因为不冷静、不恰当的表态不仅会让当事人难以接受，还会给后面的发言带来压力，不利于会议的召开。

6. 把握说话的分寸

要在会议上指出某个人的错误，就必须注意说话的态度。要想很好地把握说话的分寸，首先要注意词义上的细小差别，特别要关注近义词、同义词之间微妙的差别。其次要注意自己的态度和语调，态度不能太强硬，语调不能太高。

7. 预防冷场

一般情况下，冷场是因为主讲的人所讲的内容枯燥乏味，才导致听众不感兴趣，无法集中注意力，只是被会场纪律约束才没有离开，被动地附和着。

为了预防冷场，我们应该尽量缩减讲话内容，不要滔滔不绝地说个不停，而是要预留时间，给他人一个发言的机会。假如遭遇冷场，可以立即变换话题，用这种办法吸引他人的注意力。比

如讲一些有趣的故事调节现场气氛，从而达到吸引他人注意力的目的。

8. 从容应对会议中的尴尬场面

会议一般都没有"彩排"，会上什么情况都有可能出现。一旦出现意外，要根据实际情况，用一些恰当的话来控制会议局面，而不是任凭事情继续向对会议不利的一面发展下去。会议中途出现尴尬场面，是一种常见而又使会议主持者颇感难办的问题。导致场面尴尬的原因很多，需要我们针对不同的原因采取不同的措施来妥善处理。

有时与会者由于没有思想准备，当轮到他发言时，他要么沉默，要么当着许多人的面直接说他没有准备好。这种出人意料的行为，通常会令主持会议的人尴尬。除此以外，在一些事先没有打招呼、临时召开的会议中，与会者也会有这样的表现。出现这种情况时，会议主持者应鼓励大家先谈不成熟的意见，在讨论中再补充完善。可以让大家先做短暂的准备后再发言。

有时当会议议题涉及与会者多数人的利益时，与会者对主持人的提议有太多顾虑而集体沉默以对。这时主持人如果不及时扭转这种局面，那么他在会议上的讲话就没有人响应，变成了一个人的会议，场面会非常尴尬。对于这样的冷场，要主动启发与其利益关系不太大，或者是大家公认比较正直、公道的人发言，待他们发言后,再逐步深入。只要有人在会议中开了头,会场气氛就会逐渐变得热烈。

谈判中的说话技巧

口才能将一个人的实力、智力、精力、综合能力等表现出来,并转化为谈判桌上的成果。在现代谈判中,口才虽不是万能的,但没有口才却是万万不能的。不想让谈判毫无成果,就必须掌握谈判中的口才艺术。

英国谈判学家马什说:"所谓谈判,是指有关各方为了自身的目的,在一项涉及各方利益的事务中进行磋商,并通过调整各自提出的条件,最终达成一项各方均为满意的协议的不断协调的过程。"由于在商务谈判中的言行不仅关乎谈判的成功与否,也关乎其所代表的企业或公司的形象。

1. 层层剥笋的辩论艺术能增强说服力

辩论是对立的两方或多方持不同立场,对同一对象有争议的内容展开争论,以便得到正确认识的行为。要想让自己成功地说服对方，必须充分利用语言的优势来增强说服力和感染力，只有把道理向别人说透，别人才会接纳你。

在与人辩论时要因人而异，采取"一把钥匙开一把锁"的方法，从与对方分歧不大、容易形成共识的话题入手，通过层层剥笋式的交谈因势利导，让对方感到你言之有理，或虽不完全赞同却也因难以争辩而不再"强词夺理"，最后使其口服心服。

运用层层剥笋辩论术，还可以给对方提出一连串的问题，一环紧扣一环，让对方被迫屈服。层层剥笋法的运用要靠大家在实践中慢慢去领悟，只有不断实践，才能熟练运用，达到目的。

2. 掌握以退为进的辩论艺术

在辩论中，以退为进的辩论艺术，就是用貌似与本意相悖的言行，即退一步的方式来取得优势，并最终让自己取得更大进展的方法。

以退为进的辩论比只进不退要好得多。因为退是为了更好地进，通过退可以积蓄更大的进的优势。人们都有这样的常识，要用拳头攻击对方，先把拳头收回来，然后再伸直了胳膊用力撞击出去，一定会重重击倒对方。

以退为进的辩论方法，妙就妙在不会去计较一时的得失，退是为了更好地进，有时看似是退了一步，实则接着进了两步。

3. 善用权威能增加辩论的说服力

在辩论中，善用权威的话能增加说服力。在论辩中，巧妙地运用权威人士的话，可以取得言简意赅、清晰明了的效果。马克思在谈到演讲风格时，曾引用过伏尔泰的一句话："除了乏味的体裁之外，其余的一切体裁都是好的。"尽管风格与体裁完全是两码事，但这恰到好处地引用，正是使辩论摆脱乏味，变得生动而深刻的好方法。

在一些经典著作中，我们经常可以看到道理深刻的语句，因为说这句话的作者已经是社会名人，加之他们的话大多是从自己的亲身经历中得出来的，所以往往包含有深刻的哲理，人们对此已经深信不疑，不必再去证明它的正确性了。如果你能在论辩中恰当地引用权威说过的话，你的辩论语言同样能取得令人信服的效果。

在与人辩论中巧引名言，可使我们的立论升华到一个更高的境界。而当对方以名言为论据时，你要进行反驳，最好、最有力的方法就是也引用名言。

4. 利用对方话语中的矛盾来辩论

利用对方话语中的矛盾来与对方辩论，是论辩中常用的一种技巧。在工作中，我们需要和各种各样的人打交道，其中也包括一些蛮不讲理的人。当你和这种人说话时，通常会被对方话语中荒谬的逻辑气得无理可讲。而对方看到你哑口无言时，不但不会收敛，还会铿锵有力地讲出串串歪理，直到把你推到尴尬境地才罢休。在这种情况下，你要想驳倒对方，就必须冷静地分析其话语中的荒谬之处，将错就错地展开推理。

在辩论中，因为场合、身份等条件的限制，我们不能和对方太直接或是针锋相对时，可以经过有目的、有计划地层层诱导，使对方在不知不觉中入套，最后自己否定自己的观点。

汇报工作的说话技巧

汇报工作是和上级沟通时最常见的方式。工作做得好是"做功"，恰当的汇报是"唱功"，唱做结合，才能相得益彰。

汇报工作有不同的出发点，这决定了汇报的不同的内容结构。向上级汇报的实际工作虽然千差万别，但在表达上要注意以下三点：

1. 宣传成绩要实事求是

向上级宣传成绩的前提是做好本职工作。当工作确实取得了值得夸耀的业绩时，就需要通过恰当地宣传使成绩进入上级视野里，以便于上级了解最新情况，更加支持这项工作，同时也是对工作中付出努力的同志们的认可和肯定。上级是代表组织的，组织对我们工作的青睐，可利于推广此项工作经验，发挥更大的效应，也能吸引更多的资源倾斜，更好地激发工作人员的积极性。

宣传成绩要注意几点：第一，要实事求是，不能夸大其词、弄虚作假，有什么说什么，做多少说多少。第二，要突出介绍此项工作的创新之处、与众不同之处，也就是强化上级对此项工作成绩的价值认同。第三，要用数据、事例来说明，如比去年同期增加多少百分点，比原先减少排队时间多少等，增强说服力。第四，借用别人之口赞美自己，自夸虽不是缺点，但很难把握表达的分寸，而转述第三方赞美我们的话语，则容易得多。俗话说，"别人夸自己是个宝，自己夸自己是根草"。第三方中立的身份，能增强客观性。当然，这个第三方选取标准要符合相关性和权威性。

2. 请求支援要诚恳

我们有时需要从上级那里争取资源，或是人力支持，或是政策支持，或是经费支持，或是政治上的声援，或是技术上的援助……总之，没有上级的帮助，工作很难顺利进行下去。这时，向上级汇报就要有鲜明的目的性，要打动上级，使其愿意伸出援助之手。

这种沟通首先要说的就是正在开展或即将开展的工作的重要性、意义，强调是一件必须做、不能放弃的工作。其次要讲遇到的困难，困难一定要具体化，或用数据说明，或用故事描绘，或和别人（别单位、别国家）进行对比，或以权威理论进行佐证……让上级清晰地看到差距，看到缩短差距的路径和方法。最后讲愿景，讲得到支援后可能会出现的状况的改善、目标的达成等。

在请求支援的汇报中，语气要诚恳，情感要真挚，在晓之以理的基础上，一定要充分调动情感力量，以情动人，以情感人。

3. 在调研中反映真实情况

调研能力是我们历来很重视的能力，也是常用工作方法之一。上级到基层调研，除了自己看之外，少不得要听取汇报。这种汇报，主要是反映真实情况，为上级的决策提供事实依据。

反映情况的汇报，除了坚持贯穿始终的实事求是原则外，还要把握好正确处理报喜和报忧的关系。除了一些极端情况，正常的工作都是忧喜参半的，用德鲁克教授的话说，管理中只有恒久的问题，没有唯一的答案。理解了这点，就知道向上级反映情况时，只报喜不报忧会掩盖问题，只报忧不报喜会影响团队士气，所以，辩证地处理报喜和报忧关系的方法是照顾两头、突出重点。"照顾两头"就是喜和忧都要反映，成绩和问题都要讲到。"突出重点"就是将关键问题要反映到位。问题可能会很多，但并不是每个问题的性质都均等,与其伤其十指,不如断其一指,我们要善于将其中最重要、最显著的问题揭示出来,引起上级的关注,一些旁枝末节的问题可以暂时放置一旁,集中优势力量解决关键问题。

反映情况的汇报,在形式上可以运用抽屉法则,即由具体到抽象。办公桌有三个抽屉,拉开每个抽屉,里面都装有很多东西,但关上抽屉,外面看是清清爽爽的三个层次。运用抽屉法则就是将我们讲话的内容分类整理出几部分,每部分有一个主题,一个主题代表一个抽屉,在这个主题下你可以洋洋洒洒去发挥,相当于往抽屉里塞各种各样的东西。讲完一个主题再进入下一个主题,相当于关上一个抽屉再拉开另一个抽屉。最后别忘了将三个抽屉一起锁上,即最后将汇报的几个主题一起小结一下,层次清晰,印象深刻。

演讲的说话技巧

在工作中,演讲的重要性不言而喻。身为美国黑人民权运动领袖的马丁·路德·金在林肯纪念堂前组织了一次多达 25 万人参加的集会,以演讲的形式与种族歧视做斗争,呼吁让黑人和白人享有同样的权利。他在刚开始演讲时热情洋溢地赞颂了100多年前林肯签署的《解放黑奴宣言》，之后把话题转到这一宣言签署100多年后的今天，黑人依然遭受歧视，并生活在水深火热之中。在演讲中，他说："黑人儿童将能够与白人儿童如兄弟姐妹一般携起手来！""上帝的灵光大放光彩，芸芸众生共睹光华！"呼吁所有黑人团结起来，共同与歧视黑人的人做斗争，使美国黑人民权运动前进了一大步。

演讲是一门语言的艺术，充分展现了我们的表达能力，也表现出一个人的性格和说话的习惯。要想使自己的演讲出色，我们要具备多项能力，其中包括博学的知识、灵敏的思维和优秀的口才。还要不断锤炼自己的语言，巧妙运用自己已经拥有的知识。

1. 充分准备

演讲之前，我们要做好充分的准备工作，知道此次演讲的听众、目的、时长，以及听众感兴趣的话题、听众当前的态度、听众的接受能力等，还要提前准备好演讲资料，通过一遍遍练习，提高自己的演讲水平。

2. 克服恐惧

其实，只做好充分的准备还不够，演讲的成败与能否克服内心的恐惧也有很大关系。许多人在刚开始演讲时都会感到恐惧，担心自己在众人面前出丑，站在众人面前时往往战战兢兢的。越是担心，演讲失败的概率就越大；越是恐惧，演讲的效果就越糟糕。我们应该拿出勇气，勇于开口，如此才能保证演讲成功。

3. 语言通俗易懂

一位演讲家说："假如你能使自己的演讲被听众中知识最低的人听懂，让他对你的演讲感兴趣，将是一种非常好的练习方式。"听众的文化水平各不相同，所以演讲时要照顾那些文化水平不高的人，尽量避免专业名词，让那些文化水平低的人也能听懂。一些学识渊博的人正是因为用的专业术语太多，说出的话晦涩难懂，听众根本听不明白，所以才无法赢得听众的认可。

4. 要有独特风格

演讲时，不同人有不同的风格。有的人幽默，有的人稳重；有的人严谨，有的人就像是在和对方聊天。不同的演讲风格具有不同的效果，展现出不同的个性。只有形成自己的独特风格，才能让自己的演讲充满活力，才能在听众面前展现自己的魅力。

5. 借助诗文、警句等

郭沫若曾经说："春分刚刚过去，清明即将到来。'日出江花红胜火，春来江水绿如蓝。'这是革命的春天，这是人民的春天，这是科学的春天！让我们张开双臂，热情地拥抱这个春天吧！"马丁·路德·金在《我有一个梦想》的演讲中，引用了一位年迈的精神领袖的祈祷词:"终于自由了,终于自由了,感谢万能的主,我们终于自由了。"

借助诗文、警句,既有名人效应,又能把演讲者当时的心情淋漓尽致地表现出来。一般情况下,人们对名人都有一种崇拜心理,借用他们的语言可以有力地证明演讲者的话,从而将演讲推向高潮。

6. "演"和"讲"要兼具

演讲是人们交流思想的工具,所有思想、知识、发现都可以通过演讲传播。不过,演讲也有一定的艺术性,包含语言、声音、表演、形象等各种因素。演讲时,我们不能只"演"不"讲",也不能只"讲"不"演"。也就是说,我们既要注重演讲交流思想的实用性,也要注重演讲的艺术性,不能让它变成枯燥乏味的学术汇报,削弱演讲的效果,更不能只为了追求演讲的效果,简单运用相声、喜剧、朗诵、评书等表演技巧,却淡化了演讲的实用性和严谨性。真正的演讲要二者兼备,既要有一定的实用效果,又要具备一定的艺术性。

7. 善用丰富的肢体语言

鲁迅先生说过:"演讲有三美:意美以感心,一也;音美以感官,二也;形美以感目,三也。"他说的第三条,就是指肢体语言。对于参加演讲的人来说,丰富的肢体语言能为你增添无穷的魅力。

成功的演讲者会在演讲中保持微笑的表情。"微笑是人际交往的第一通行证"。但演讲时只会微笑还不够,还要把面部表情和演讲的内容、现场需要的气氛、情绪巧妙地结合起来,通过自己恰如其分的表情把内容和情绪传达给听众。

"眼睛是心灵的窗户",眼神也是演讲中最重要的肢体语言,如果你在演讲中不用目光来关注听众,那么就很难引起听众对你的关注。一定要记住,与听众目光的接触要自然,不要过于呆板,也不要盯住某个听众时间过长,尽量环顾全场。

演讲时的站姿也很重要。笔直的站姿不但表现了你对听众的尊敬,而且还反映出了你的精神面貌。站姿要自然、得体、大方,不拘谨、不呆板,身子要正,不管动与不动,都要像一尊优美的雕像,呈现出一种体态美。

8. 富有感染力的语言

法国大作家雨果说:"语言就是力量。"由于演讲的主要形式是"讲",所以,我们要善于运用有声语言来追求言辞的表现力和声音的感染力,吸引、说服、鼓动、感召听众。

任何一次成功的演讲,都离不开富有感染力的演讲语言。这里所说的语言感染力,是指演讲要有感情,抑扬顿挫,能打开"五觉",也就是我们所说的视觉、听觉、嗅觉、味觉、触觉。打开"五觉",就是说我们在演讲中描述一些事情的时候,要使听众进入所描绘的情境中，立体地感受当时的情境。演讲者好比导演，所有的听众都要入戏。只有听众入戏才能跟演讲者共鸣。因此，是否富有感染力是衡量一场演讲成功与否最为重要的因素。

9. 用幽默感拉近距离

幽默的语言不仅能活跃现场气氛，还是演讲中感染力的催化剂。演讲前可以分析一下受众成分，在分析的基础上把握受众的兴趣点，适度地运用幽默的语言来投其所好，这样更容易引起听众的共鸣，自然感染力也就强了。不应简单地把演讲当成是一次单向的思想和信息的传播，更要看到其双向性的一面。要密切关注受众的反应并及时作出相应的调整，同时还要通过眼神的交流赢得受众的认同。

10. 在现场展现亲和力

高明的人者在演讲时，总是力求使演讲具有一种接近听众的亲和力。他们在讲话时不是居高临下，而是给人亲切的感觉，这样更能引起听众的共鸣。

我们要想让自己与听众融为一体，亲密无间，就要对听众多说说心里话。只有待人以诚，平等待人，才会得到别人的尊重和喜欢。演讲者在演讲时要善于捕捉听众内心的感受，多讲一些听众的心里话，当你讲出听众的心声时，自然会让听众在心理上与你拉近距离。

即兴讲话的技巧

即兴讲话是指没有事先准备，临场发挥的一种表达方式。要想在各种场合成功地即兴讲话，就得在讲话时把握时机、灵活善变。

通常情况下即兴讲话无事先准备，所以，即兴讲话需要我们具备以下能力：具有一定的知识广度、具有一定的思想深度、具有较强的材料综合能力、具有较高的现场表达技巧、具有较强的应变能力

1. 即兴讲话的开场白要简短精辟

我们在即兴讲话时，开场白很重要，能不能一开口就抓住听众，关系到整个讲话的成败。好的开场白就像一个出色的导游，不但能一下子把听众带入你为他们设计的情境中，而且还容易打开讲话局面，便于引入正题。可以说，好的开场白要简短精辟，能做到先入为主，以强大的气势或声势首先抛出强有力的论点，

来压倒或征服听众。

即兴讲话的开场白是一门艺术，也是一种技巧，而简短精辟的开场白说服力强，能使讲话精辟、清晰。开场白要精彩，就得简短精辟，这样才会干净利索，语出惊人，达到出奇制胜、先声夺人的目的。一般来说，精彩的开场白要抓住一些根本性、倾向性和普遍性的问题，抓住听众心理。总之不要拖泥带水，而是要迅速转入正题。

2. 让自己现场说的每一句话都凝聚感情

诚挚的讲话是赢得听众尊重和信任的前提。在即兴讲话中，要善于用带有感情的话来表达自己鲜明的观点，特别是在一些礼仪性场合作即席讲话时，要恰当运用感人的语言来充分表达意图，让自己在现场说的每一句话都凝聚感情。这对于拉近与听众的距离是一个很好的时机。

在即兴演讲时，要使听众心服口服，就应当牢牢记住，无论你在演讲时要表达什么样的观点，都要力求让自己说的每一句话都凝聚感情，当你能够引起听众感情的共鸣时，你的观点才容易为听众所接受。

3. 即兴讲话要快速组织语言，顺理成章

"言不在多，达意则灵。"语言是传达信息和交流思想的工具。在理顺思路组织材料时，一定要注意不能讲太多，要言语不繁，

字字珠玑，但它留给人的印象却也更深刻。

有即兴讲话经验的人，一般能在讲话之前的短暂时间里，根据场合的性质、环境、人员、气氛等来快速确定要讲的中心内容，以及先讲什么、后讲什么。而对于即兴讲话经验不多的人来说，可以先将内容高度浓缩，进行要点提示，以免疏漏。这就要求我们除了平时要多观察周围的人和事外，还要善于观察现场，获取信息。